国家文化公园多元视角研究

吴宁 著

全国百佳图书出版单位 吉林出版集团股份有限公司

图书在版编目（CIP）数据

国家文化公园多元视角研究 / 吴宁著. -- 长春：吉林出版集团股份有限公司，2023.7
　ISBN 978-7-5731-3770-8

Ⅰ.①国… Ⅱ.①吴… Ⅲ.①文化-国家公园-研究-中国 Ⅳ.①G122

中国国家版本馆 CIP 数据核字（2023）第 131762 号

GUOJIA WENHUA GONGYUAN DUOYUAN SHIJIAO YANJIU

国家文化公园多元视角研究

著　　　　者：吴　宁
责任编辑：王芳芳
封面设计：冯冯翼
开　　　　本：720mm×1000mm　1/16
字　　　　数：210 千字
印　　　　张：11.5
版　　　　次：2023 年 7 月第 1 版
印　　　　次：2023 年 7 月第 1 次印刷

出　　版：吉林出版集团股份有限公司
发　　行：吉林出版集团外语教育有限公司
地　　址：长春市福祉大路 5788 号龙腾国际大厦 B 座 7 层
电　　话：总编办：0431-81629929
印　　刷：吉林省创美堂印刷有限公司

ISBN 978-7-5731-3770-8　　定　价：69.00 元
版权所有　侵权必究　举报电话：0431-81629929

前言 PREFACE

　　文化是一个国家与民族进步的灵魂，当文化获得发展之后，一个国家、一个民族也会获得相应的发展。国家文化公园的灵魂与关键是文化，不管是长城、大运河，还是长江、黄河，其都是国家文化公园建设的重点，是承载中华文化的符号，是传播中华文化的重要渠道。国家文化公园是特殊区域，其是由国家有关部门认定、建立与管理的，旨在传承与弘扬具有国家或国际意义的文化资源、文化精神。当前，中国正在努力实现中华民族伟大复兴的中国梦，这里的民族复兴当然也应该包括文化的复兴，因此，必须加强国家文化公园建设，借助国家文化公园传承与传播中华文化。

　　国家文化公园能够反映出中华民族的文化自信。对于国家、民族的发展来说，文化固然重要，但也应该清楚的是，文化大多是抽象化的存在，尤其是一些精神性的内容，人们很难对其进行精准描述。另外，从现实情况来看，文化的现实门槛相对较高，有时甚至需要人们梳理不同时期的历史才能掌握某一事物的文化内涵，这让许多普通民众面对文化时止步。国家文化公园可以使文化以一种看得见、摸得着的形式展现出来，能让人们在观赏、休闲与体验的过程中感悟文化，了解文化，进而逐渐加强对本民族文化的认同，并在生活中自觉地传承与传播文化。

　　国家文化公园是传播中华文化的重要载体与渠道。以长城、大运河为典型代表的国家文化公园体系建设使中国与世界各国人民有了一个更好的交流渠道，能使博大精深的中华文化为世界人们所了解，同时还能向世界人民展示中华民族的勤劳与智慧，实现中华文化的国际化发展与传播，提升中华文化在世界舞台上的话语权，从而让世界听见、听懂中国声音。

　　当然，在肯定国家文化公园建设的积极意义之外，还应该承认，国家文化公园毕竟是一个新事物，其建设还处在摸索阶段，依然面临着不少问题。比如，国家文化公园的边界划定不清楚，国家文化公园的价值挖掘不够彻底，国家文化公园的文化展示形式并不丰富，国家文化公园的管理方式以及与原有管理体制机制存在一定矛盾，等等，这些问题都在一定程度上阻碍了国家文化公园的发展与建设。因此，必须加强对国家文化公园的认识与理解，从理论研究与实践探索两个方面共同推动其创新发展。

基于国家文化公园的重要性以及当前国家文化公园建设存在的问题，作者在总结前人优秀研究成果以及自身丰富经验的基础上，从不同角度出发对国家文化公园进行了探究。本书共分为八章，第一章介绍了国家文化公园基础知识，包括国家文化公园的内涵、意义、原则等，揭示了建设国家文化公园存在的问题。第二章探讨了国家文化公园具体建设问题，指出了国家文化公园建设的关键，同时以实例进行了具体说明。第三章到第七章从文化、管理、保护与利用、旅游产业、经典案例五个方面详细论述了多元视域下的国家文化公园研究问题。第八章对国家文化公园延伸性问题进行了探讨，主要包括文化数字化视角下的国家文化公园发展问题、国家文化公园与乡村振兴问题、国家文化公园价值评估问题、国家文化公园的"国家性"建构问题。

本书逻辑清晰，内容丰富，对国家文化公园进行了整体分析与研究，可给当前的国家文化公园建设一定的借鉴与参考。不过，由于时间仓促以及作者水平有限，书中不少观点可能存在不当之处，恳请各位读者批评指正。

目录 CONTENTS

第一章 国家文化公园概述 ········· 1
 第一节 国家文化公园的理论基础与内涵解读········· 1
 第二节 国家文化公园建设的意义与原则········· 7
 第三节 国家文化公园的目标体系与遴选标准········· 12
 第四节 建设国家文化公园的问题与策略········· 14

第二章 国家文化公园具体建设研究 ········· 22
 第一节 国家文化公园建设关键、维度与办法········· 22
 第二节 国家文化公园的规划建设研究········· 27
 第三节 国家文化公园投融资体系建设研究········· 30
 第四节 中国国家文化公园建设实例分析········· 33

第三章 文化视角下的国家文化公园研究 ········· 43
 第一节 文化概述········· 43
 第二节 建设国家文化公园，促进文化认同········· 45
 第三节 齐长城国家文化公园的文化内涵与时代价值········· 47
 第四节 大运河文化价值与国家文化公园建设········· 52
 第五节 长江国家文化公园与荆楚文化大品牌打造········· 57

第四章 国家文化公园的管理视域解读 ········· 62
 第一节 国家文化公园管理理念解析········· 62
 第二节 国家文化公园管理体制研究········· 64
 第三节 各国国家文化公园管理模式分析········· 72
 第四节 长城国家文化公园管理研究········· 80

第五章　国家文化公园的保护与利用研究 ······ 84
第一节　国家文化公园保护问题及其对区域协调发展的促进 ······ 84
第二节　国家文化公园整体性保护思想解读与路径总结 ······ 89
第三节　长城文化公园的保护 ······ 93
第四节　国家文化公园的利用机制研究 ······ 96
第五节　大运河文化公园的利用制度解析 ······ 99

第六章　国家文化公园与旅游产业的融合发展研究 ······ 106
第一节　产业融合概述 ······ 106
第二节　文化产业与旅游产业的融合发展 ······ 111
第三节　国家文化公园建设促进旅游产业发展 ······ 116
第四节　国家文化公园产业融合发展实例分析 ······ 122

第七章　国外国家文化公园经典案例分析 ······ 127
第一节　德国巴伐利亚森林国家公园案例分析 ······ 127
第二节　澳大利亚乌鲁汝-卡塔曲塔国家公园案例分析 ······ 134
第三节　南非克鲁格国家公园案例分析 ······ 141
第四节　泰国暹罗古城公园案例分析 ······ 146

第八章　国家文化公园延伸性问题探讨 ······ 151
第一节　文化数字化视角下的国家文化公园发展问题探讨 ······ 151
第二节　国家文化公园与乡村振兴问题探讨 ······ 156
第三节　国家文化公园价值评估问题探讨 ······ 161
第四节　国家文化公园的"国家性"建构问题探讨 ······ 166

参考文献 ······ 172

第一章　国家文化公园概述

国家文化公园是在民族复兴、文化强国和旅游发展的复调背景下，由我国提出的新概念，是大型文化遗产保护的新模式和优秀文化展示的新方式。国家文化公园建设刚刚起步，理论探索尚处于初级阶段，因此在建设之初，讨论并理解国家文化公园的若干理论问题显得十分必要。

第一节　国家文化公园的理论基础与内涵解读

一、国家文化公园的理论基础

国家文化公园是根植于我国政治、文化、社会现实环境的大型遗产保护与利用的创新思想，发端于3条理论线路（欧洲的文化线路、美国的遗产廊道和中国的线性文化遗产），并在建设实践中逐步完善，向普世性的文化遗产保护与管理模式转化。从国家颁布的《长城、大运河、长征国家文化公园建设方案》来看，既体现出理论线路的形制和脉理（如选择3个具有典型"线性"特征的国家文化公园作为建设试点，强调"呈现中华文化的独特创造"，同时没有忽略"人居环境、自然条件"，并提出"整体布局"和"跨区域统筹协调"的要求），又体现了对现有理论的创新和更为宏大的愿景（如重点建设4类主体功能区、系统推进5大基础工程，将国家文化公园打造成为中华文化的重要标志）。

（一）欧洲的文化线路

在文化线路的理论发展过程中，有3个关键性历史节点：一是1987年欧洲委员会正式宣布实施"欧洲文化线路计划"；二是1998年在国际古迹遗址理事会框架下成立文化线路国际科学委员会，专门负责文化线路类遗产的研究和管理，这标志着文化线路作为新型遗产得到国际文化遗产界的认同；三是2010年欧洲委员会通过了《文化线路扩大部分协定》，使文化线路参与者更加多元化，内容更加丰富。①

在初始阶段（1987—1998），文化线路伴随着意识形态分歧和欧洲一体化发展表现出明显的政治和文化诉求。欧洲委员会提议恢复一条在欧洲统一进程中具有高度象征意义的文化线路——圣地亚哥·德·孔波斯特拉之路（Routes of Santiago de Compostela），希望通过这条承载着集体记忆、跨越边界和语言障碍的文化线路为欧洲不同国家、不同民族寻求文化认同，以此推动政治经济一体化发展。这一阶段从组织形式到管理体制虽不成熟，但是圣地亚哥·德·孔波斯特拉朝圣线路作为世界上第一条入选《世界遗产名录》的文化线路遗产吸引了大量游客，为之后欧洲文化线路的理论发展和实践奠定了基础。在发展阶段（1998—2010），文化线路的概念内涵、功能标准得到不断丰富。CIIC伊比扎会议（1999）第一次明确提出，任何文化线路都有其依赖的自然地理环境和（物质与非物质）构成要素；国际古迹遗址理事会受世界遗产委员会委托修订《实施保护世界文化与自然遗产公约操作指南》（2005），简称《操作指南》，对文化线路的定义、标准进行了明确规定，并将文化线路列为4种分类遗产之一；而后，《文化线路宪章》（2008）阐述了文化线路的理论内涵和作为遗产类型进行保护的意义与价值。这一阶段除强调欧洲共同价值观和区域共识以外，还认为文化线路应当是文化旅游和文化可持续发展的引领者，线路主题要有利于旅行社开发旅游产品，此时文化线路带有明显的经济功能。进入成熟阶段（2010—2020）后，文化线路被视为具有文化和教育特征的遗产与旅游联合框架，为欧洲以外的国家（如地中海周围国家）开启了合作的可能性。但仍然侧重于对欧洲统一具有象征意义的主题、历史和文化的挖掘，通过主题化的旅游线路和文化项目，保护多种类型遗产的同时发展旅游经济。文化线路的理论研究在这一时期也进入高潮，集中于分类研究和旅游相关研究。

（二）美国的遗产廊道

遗产廊道与文化线路不同的是，它根植于美国广袤的自然环境中，是美国荒野保护、绿道运动、国家公园功能扩展、地方性文化自觉等多重因素作用的产物。遗产廊道没有关于国家或国际层面的"统一""认同"等政治诉求，也没有"国家象征"的意味，而更多地表现为"拥有特殊文化资源集合的线性景观，通常带有明显的经济中心、蓬勃发展的旅游、老建筑的适应性再利用、

---

① 李飞，邹统钎. 论国家文化公园：逻辑、源流、意蕴 [J]. 旅游学刊，2021，36（1）：15.

娱乐及环境改善"等特征。由于美国历史较短、文化积淀相对浅,难以形成大空间跨度的线路型文化遗产(除66号公路外),而单体遗产和具有历史意义的纪念物此时就显得尤为珍贵,所以,政府愿意划出大量的自然空间用于串联和保护这些拥有一定文化内涵的遗产和文物。

遗产廊道是国家遗产区域中的子类,从属于美国国家公园体系。相对于狭义的国家公园而言,遗产廊道强调对廊道历史文化价值的整体认识,利用遗产实现经济复兴,并解决景观雷同、社区认同感消失和经济衰退等问题。这表明遗产廊道的核心目标是帮助沿线地区经济发展,实现目标的途径是遗产保护,该做法的溢出效应是美化自然环境、丰富人文景观和形成社区认同。从1984年美国国会指定第一条国家遗产廊道(伊利诺伊和密歇根运河国家遗产廊道)以来,30多年中遗产廊道的保护和关注对象在悄然发生改变,从对景物和实体空间的保护,逐渐转移到关注人的生存和发展,尤其对地方少数族群和民族文化给予了更多的关注,同时特别强调遗产教育和遗产旅游对于地方发展的重要意义。嘎勒·吉奇文化遗产廊道成为国家遗产区域的时间较短,它跨越北卡罗来纳、南卡罗来纳、佐治亚和佛罗里达4个州的沿海地带,有较为明确的边界,并由地方非政府组织进行管理。管理者通过与学校、图书馆、文化遗址、博物馆和社区团体合作,开发教育和展示项目(如举办有关嘎勒·吉奇历史和文化的演出),免费向游客开放。此外,还建立旅游网站为潜在游客提供遗产廊道沿线所有遗产点和民族传统节日的旅游信息。由此可见,遗产廊道不仅完全继承了其"家族体系"的"公园"属性,扮演着旅游目的地的角色,而且通过对沿线文化元素的保护使得本身原不属于"遗产"的线性空间越来越具有文化气息。这种情况也反映在学术研究层面,遗产廊道研究已经从早期的景观生态学拓展开来,成为文化遗产和旅游研究的重要内容,当然,这与遗产廊道理论的世界性传播关系密切。

(三)中国的线性文化遗产

近年来,在我国的线性文化遗产研究中,遗产廊道和文化线路是重要的理论借鉴。一方面,研究者引入西方概念与理论进行分析解读,尝试与本土化实践相结合,另一方面,也将众多线性文化遗产本土概念进行拓展性研究和理论挖掘,共同成就了如今线性文化遗产研究的火热局面。其主要原因有二:第一,我国线性文化遗产众多,它们形成于各个时代,囊括各种类型,而且各具特色,代表了中国灿烂的文明,是我国文化遗产中的精华,对其研究具有重要的历史文化价值,并具有作为旅游吸引物的当代现实功能;第二,随着我国经济发展和国际影响力提升,在文化和精神层面寻求与世界大国地位相匹配的系统化文化符号已成为中华民族复兴过程中的特殊诉求，文物和单体遗产已不足以承担如此宏伟的历史使命，因此，拥有庞大体量和多时空维度的大型线性文化遗产自然成为中国社会关注的焦点。

除源于欧美的文化线路和遗产廊道两概念以外，我国线性文化遗产还多以线路遗产、廊道遗产、文化走廊、文化廊道等出现在研究中，还有相当一部分研究直接以线性文化遗产的本名出现，如丝绸之路、（京杭）大运河、长城、茶马古道、长江三峡、滇越铁路、藏彝走廊、剑门蜀道、徽杭古道、唐蕃古道、川盐古道、百越古道、川黔驿道、浮梁茶道、岭南走廊、长征线路、北京城中轴线等，其中，长城、大运河和长征线路已成为国家文化公园建设试点，其他或可作为未来备选。线性文化遗产主要研究内容有 4 个方面：第一，线路走向与空间结构研究，这是线性文化遗产研究的基础性工作，是从历史地理学视角为线性文化遗产进行时空界定的过程，很多历史学者、民族学者和文化学者在这方面做出了贡献。第二，功能与价值研究，交通线路、军事工程、水利工程与重大历史事件在中华五千年文明发展过程中对中国经济、社会、文化的发展起到了至关重要的作用。第三，民族交往与文化传播研究，线性文化遗产的跨区域分布特征使之成为民族交往的通道和文化交流的纽带，随着人在线性空间的移动和交往实现文化扩散与交流。第四，遗产保护与旅游研究，对线性文化遗产本身以及沿线各种类型遗产进行统一保护与联合开发，通过发展旅游业促进文化遗产的传承和当地经济发展。这些国内成果为国家文化公园提供了最直接的研究参考，推动了国家文化公园的概念创新，为其建设发展做了充分的理论准备和路径探索。

综上，文化线路、遗产廊道、线性文化遗产作为国家文化公园的 3 条理论源流，它们各自生发的政治、经济、文化、社会和环境不同，所以三者对国家文化公园的概念形成及理论体系构建的贡献点也各有侧重。我国有着与欧洲同等厚重的文化积淀和多样的民族文化，同时有着略大于美国的统一辽阔疆域，欧美关于大尺度空间下的遗产保护利用理论、管理运行模式，与我国本土化的理论探索和实践相结合，共同构成国家文化公园的重要理论基础。诚然，尽管目前 4 个国家文化公园均是线性文化遗产，但是国家文化公园的概念似乎更加广泛，那么概念辨识层面，未来一定不限于线性文化遗产。因此，国家文化公园理论源流将在实践中被逐步丰富，并在未来研究中得到更为精准的解读。

二、国家文化公园的内涵解读

把握国家文化公园的内涵本质和概念特征有助于理解其规划建设的总体框架，推进其高质量建设。虽然国家文化公园是"在吸收国外国家公园和区域性遗产保护等相关经验的基础上，在国家公园体系和制度上衍生的大尺度线性文化遗产保护方式"，是"国际遗产保护空间范围从单体建筑向集群式遗产、大遗址、文化街区、历史城镇、文化线路逐步扩大"趋势的响应，但更为重要的是，国家文化公园反映了"文物和单体遗产已不足以承担中华民族复兴过程中文化、精神层面国际地位"，显现了"一种与美国国家公园和欧洲文化线路既有理念联系又有内涵区别的'大结构叙事'"。可见，国家文化公园由中国首次创新发展，具有区域性文化资源集群保护的内涵本质和国家性文化保护、地方化文化发展、公园型文化共享的概念特征。

（一）内涵本质：从地方性离散到区域性整合的文化资源集群保护

国家文化公园的集群保护主要表现在文化资源和保护方式两个方面。在文化资源的集群上，国家文化公园依托具有中华地理空间标识的巨型线性载体，结合载体文化的主题性、连续性特征，突破了单体文化资源类型、时空边界、地方与部门管理边界，对沿线文化与自然资源进行系统性保护，以集群的形式建构世界文化体系中的中国符号、标识。其一，与文旅部门的文保单位、大遗址保护区、考古遗址公园、文化生态保护区和城乡建规部门的名城名镇名村、历史文化街区、历史建筑等不同，国家文化公园打破了文化与自然割裂的局面，以各类文化资源与自然资源的综合性保护代替单体或单地域的离散性文化资源保护；其二，国家文化公园依托长江、黄河、长征、大运河、长城等在国际上有影响力和话语权的大尺度、大范围、大跨度"地理媒介"，联动了不同子文化空间区段，发挥出文化价值的集合放大效应，凸显文化共同体价值，反映中华民族融合、发展的遗产体系。

在保护方式的集群上，国家文化公园通过4类主体功能区的划定和五大关键领域基础工程的设立等方式实现了资源集群化保护，进而实现文化教育、公共服务、旅游观光、休闲娱乐、科学研究等复合功能和文旅发展、生态修复、乡村振兴等多元目标。[①] 国家文化公园集群化的保护方式实现了"遗产要素导向型"分头保护到"管理目标导向型"统一保护的转变，实现了意象式松散集合到功能性有机整体的转向，建构了文化遗产作为战略性"社会—技术"集群的创新性方法。这样的"社会—技术"集群方法，从资源保护、文化阐述、设施配套、环境修复等方面，关注多元主体、多重功能、多重分区的协同，将遗产作为一种历史过程和文化生态来保护，平衡了文化保护与公众权益

---

① 毛华松，吴映华夏，王雪纯. 国家文化公园综述——内涵特征、实践进展与理论探索 [J]. 风景园林，2023，30（2）：59.

之间的关系。

(二) 概念特征：国家性、地方化、公园型

1. 国家性

国家文化公园的国家性体现在国家意志的战略目标、中国符号的形象定位和中央统筹的组织保障上。

(1) 在国家意志的战略目标上，"建设国家文化公园，形成中华文化重要标识"成为相关政策文件的共性目标，体现了"文化自信"国家战略下提升中国文化遗产国际话语权、培育和铸牢中华民族共同体意识的诉求。

(2) 在中国符号的形象定位上，首先，国家文化公园以长城、大运河、长征、黄河、长江这样跨区域、代表中华民族融合发展、中华精神形成发展的共性地理媒介为载体，与"西欧北美民族认同型国家和中东宗教认同型国家"有所区分，从国土层面建构了中华文化总体性把握的形象体系，架起了强化国民文化身份认同感的通道；其次，国家文化公园具有世界级、国家级文化资源的支撑性，如《长城、大运河、长征国家文化公园建设方案》就明确指出作为参观游览和文化体验的主体区域，国家文化公园的核心展示园应该由"国家级文物和文化资源及周边区域组成"，反映出国家文化公园所具有的国家性文化脉络。

(3) 在中央统筹的组织保障上，国家文化公园从公园名单、规划方案、建设分期等方面，建构了"中央统筹、省负总责、分级管理、分段负责"的推进机制，协调国家文化公园在建设中的重大问题、重点任务和重点工程，确保国家意志、中国符号的全面呈现。

2. 地方化

国家文化公园的地方化体现在差异互补的地方特色、价值外溢的地方发展和落地实践的地方支撑3个层面。

(1) 在差异互补的地方特色层面上，国家文化公园跨越文化单元、要素类型、时空边界的集群保护，促使国家形象定位与特定地域、不同文化特点的"和而不同"得到彰显。在已启动的长城、长征、大运河国家文化公园规划中，带、段、线、区的文化聚类引导成为既能凸显整体标识、代表国家形象，又根植于地方特色的普遍规划途径，实现了国家性宏大叙事与地方性特色故事之间的关联。

(2) 在价值外溢的地方发展层面上，国家文化公园管控保护、主题展示、文旅融合、传统利用4类主体功能区的差异化管控，为"拓展投融资渠道，完善多元投入机制，确保公园建设、管理和运营实现可持续发展"提供了空

间保障；保护传承、研究发掘、环境配套、文旅融合、数字再现五大关键领域基础工程的系统推进，指引、统筹了文旅发展、生态修复、乡村振兴、基础设施等关键领域，促进了地方社会经济和文化保护的可持续发展。

（3）在落地实践的地方支撑层面上，国家文化公园明确了"省级党委和政府承担主体责任，加强资源整合和统筹协调，承上启下开展建设"的目标。因此，立足省（市）区段资源禀赋、人居环境、社会经济等基础条件，协同区域发展战略、国土空间规划、重大工程建设等地方现状，建构差异化发展路径和策略，是国家文化公园落地建设的地方化保障。

3. 公园型

国家文化公园的公园型表现在服务主体的大众性、空间结构的开放性2个层面上。

（1）在服务主体的大众性上，国家文化公园作为实施公园化管理运营的特定开放空间公共文化载体，在文化教育、公共服务、旅游观光、休闲娱乐、科学研究等方面服务公众，通过公益性突出强化了国家文化公园与营利性景区、公园的区别。

（2）在空间结构的开放性上，国家文化公园的4个主体功能区都明确以文旅融合为导向，积极融入城乡公共空间体系，创造出通过传统文化融入时代血脉的方式，达到激活"价值基因"、舒展"生活场景"的目的，平衡文化资源保护与公众权益实现之间的关系。

第二节　国家文化公园建设的意义与原则

一、国家文化公园建设的意义

建设国家公园的意义不仅仅是要保护独特的、原始的生态系统和民族文化遗产，而是要先行探索中国特色的生态文明建设，因此，国家公园建设的意义定位是要引领人们全新的生活方式、生产方式、社会生存方式和价值形态。

（一）建设国家公园的基本目的在于生态资源和文化遗产的保护

按照马克思主义的观点，人类面临的基本关系是人与自然界的关系。自然界使人类的生命活动具有物质性，即人们必须首先解决吃喝住穿的需要，这就决定了人类对自然界的相关的物质条件具有依赖性，于是，人与自然界关系中的任何一种条件发生重大变化，生命系统就会被破坏，人类生存就会受到威胁。就此而言，保护赖以生存的自然是人的生存的需要，是最为基本的需要。在工业文明之前的漫长时代里，人们改造自然的活动未能明显破坏生态环境的基本稳定，对生态的保护是一种自在的活动。但是，随着人们对工业文明的追逐，生态问题逐渐显现。20世纪60年，美国女科学家蕾切尔·卡逊（R.Carson）在《寂静的春天》一书中，以严谨求实的科学理性精神和敬畏生命的人文情怀，全方位地揭示了化学农药的危害，并提出人与自然共存共荣的思想。70年代，罗马俱乐部成员在《增长的极限》中呼吁人类转变发展模式：从无限增长到可持续增长，并将增长限制在地球可以承载的限度之内。自此，越来越多的人意识到生态的问题是一个生死攸关的问题。

国家公园的基本思想源于对自然资源的保护。世界上许多国家的政府为了保护本国的自然风景资源和人文景观资源都相继建立了国家公园。国家公园现已形成了一系列逐步推进和保护模式。尽管世界各国在国家公园的保护和管理模式上都根据本国的具体情况体现自己的特色，但国家公园是通过较小范围的适度开发实现大范围的有效保护的。国家公园运动为什么能从美国到全世界发展完善和壮大，显然不只是人们努力推动那么简单。国家公园的生命力来自它的基本理念，在于自然、国家和人类责任的理念符合人类的共同愿望。

（二）国家公园的根本意义是建设生态文明

如果说，国家公园建设的初衷是在对自然生态系统进行无情开发的背景下，人们将相对破坏小的资源，并将在自然和文化主题方面具有极高价值的区域保护起来的话，那么，随着国家公园逐渐成为世界各国普遍采用的、行之有效的保护模式，加之国家公园所重视的环境教育的功能，国家公园就成为生态文明建设的重要载体。因此，中国的国家公园建设就不是简单地在原有的保护地上挂一块牌子，也不是划一个区域单纯保护，而是要在对生态系统进行整体的保护和永续利用的同时，实现人与自然共生共荣。因此，国家公园建设是当前生态文明建设的一个重要抓手或突破口。

人是自然界长期发展的产物，当人第一次能够对他身外的自然对象进行区分时，人便开始了对生态的改造。早期人类对自然的利用和改造完全是自然发生的，并未在人与自然的关系中占据主导地位，处在对原初自然的依赖阶段。近代以来，在"知识就是力量"，人可以征服自然改造自然，让自然为人类服务的理念下，在技术和资本的强力推动下，人类的工业文明迅速崛起，"资产阶级在它的不到一百年的阶级统治中所创造的生产力，比过去一切世代创造的全部生产力还要多，还要大。"人类开始以自然界主人的姿态作用于自然界，用生产的逻辑逐步摆脱对原初自然的依赖。而工业资本和工业文明同时又造就了环境的危机，人类对自然界的每一个胜利，自然界都无情地报复了我们。

那么，人与自然对立的根源是什么呢？当人类沿着不断提升自身能力的方向持续发展的时候，人类会因过度改造自然界而危及自然界给人类生命存在所设定的基本环境条件，这就是生态危机。这种危机，无疑是人与自然的关系出了问题，但由于自然界是客观存在的，所以我们只能查找自身的原因。生态马克思主义的理论家在回答这一问题时的思想极具启发意义。他们认为，环境危机、生态问题表面上看是人与自然相处的理念和方式出现了偏差，但其根源则是人与人的关系出了偏差，或者说是社会制度出了问题。也就是说生态危机主体责任是人。

人区别于动物的地方在于，人在改造自然的过程中提升自身的能力，人类是通过文明的创建和传承使自身得到不断的发展，这也就决定了人类历史也呈现为一条不断上升的发展道路，其标志是人的所有个体都得到全面发展，而随着文明的日渐丰厚，人类按照自身需要改造自然界的力度将越来越大。不言而喻，人类消解与自然的冲突的办法不是放弃对自然的改造。生态文明的基本要点是：人的充分发展与生态系统改善的自觉的和谐统一，是将人的主体性发展与生态持续改善的可能性辩证统一起来。也就是说生态文明是只有在人的自由自觉活动中才可能实现。[①]

就此而言，国家公园的建设就不仅仅是保护一个区域的生态，更不是对自然生态与人的隔离，而是要通过国家公园引领全新的发展理念和发展方式，即：人在其自由自觉性得到充分发展的同时，自觉地帮助生态不断优化，使人的可持续发展和生态的可持续改善同步和相互支持。认识到这一深刻的意义，国家公园的建设就可能是我们走向生态文明新时代的重要起点。

二、国家文化公园建设的原则

笔者认为，从长远看，国家文化公园建设应坚持突出国家代表性、全民公益性和完整性三大基本原则，最大限度地实现国家文化公园保护重大文物和文化资源、完善公共文化产品和服务供给、满足人民群众精神文化生活需要的战略使命。

[①] 曹海玲.国家公园建设的意义、观念与模式 [J].青海师范大学学报（哲学社会科学版），2017，39（1）：10.

(一) 突出国家代表性

国家文化公园应由国民高度认同的、能够代表国家形象、能够凸显中华民族最深层的精神追求、代表中华民族独特精神标识的、独一无二的文物和文化资源组成。国家文化公园是中华优秀传统文化、革命文化和社会主义先进文化的重要展示载体。

国家文化公园的核心资源应能代表国家形象,主要包括下述特质:与人类、国家、民族的起源和发展密切相关,是中华民族发展史上的重要节点;与中国历史上的重大事件有密切联系,这些事件得到了国民的普遍认同,或代表了一种民族精神,或能让国民产生深深的敬意;是中华民族发展史上重要的经济、社会、文化、军事等事件,在当时具有无可替代的作用,且在历史长河中占有极其重要的位置;与重要的历史人物或史实相关的资源;反映中华民族伟大思想或理念的资源,传递中华民族共同精神追求的资源;特殊的建筑、艺术、文化风格,对于研究和揭示历史具有无可替代的作用;反映中华人民共和国成立和发展的重要史实、事件、人物等相关资源。

这些资源在国家和民族发展中具有独特的价值,所代表的形象更能体现国家形象,同时也具有广泛的国民认同度和强大的精神号召力,在国人心目中具有无可替代的位置,可以作为国家文化公园建设的重要文化载体,应具备观古知今、智慧启迪等作用,可以为中华民族伟大复兴注入强大精神力量。

国家文化公园的核心资源应具有不可替代性。国家文化公园所保护传承的,应是某一类别、某一领域的文物和文化资源的杰出代表。其不可替代性主要体现在:一是价值的不可替代。国家文化公园的文物和文化资源应具有独一无二的价值,若其缺失,会对中国的文化保护和遗产传承造成不可估量的损失。二是类型的不可替代。国家文化公园的文物和文化资源应该是中国国家文物文化资源体系中某个特定类型的独特代表,是不可或缺的类别,无论从历史发展维度,还是从文物和文化资源构成完整性维度,其都是必须保护的资源。

(二) 突出全民公益性

国家文化公园是具有特定开放空间的公共文化载体,也是全民共享的精神文化生活空间。国家文化公园的全民公益性应体现在两个方面:一是全民享有平等的参观和游览国家文化公园的权利。这就要求国家文化公园宜采取免费或低票价,以保障绝大多数国民能够自由实现到国家文化公园参观游览的权利。

国家文化公园在建设中应实现"帽子"和"票子"的统一,在遴选出国家文化公园后,应有明确、稳定的资金投入制度。建议形成以中央财政拨款为主，地方资金、相关收入和社会赞助为辅的资金制度，以保证国家文化公园全民公益性的实现。要避免国家文化公园因维护、运营和建设资金不足，过于追求商业化，从而丧失其公益属性。

二是应借助各种技术手段，为全民了解、体验、感知国家文化公园提供新路径，形成线上、线下相融合的国家文化公园资源展示空间，最大限度地发挥国家文化公园的文化传播效应。要充分利用现代科技，实现国家文化公园文物、文化资源的数字化，并将全景游、AR/VR 游览、AI 导览等新形式引入国家文化公园中，让国民大众可以不分地域、不论远近、不计年龄，都可以通过互联网实现对国家文化公园的线上参观、游览、感知、体验，增强国民的文化认同感，提升精神凝聚力。

(三) 突出完整性

国家文化公园的建设，更应关注文化遗产及其所属空间的统一，关注经由历史延续下来的文物和文化资源时间上的完整性。国家文化公园建设过程中，应从时间和空间两个维度实现对国家文化公园资源的完整性保护和利用。

从时间维度看，要实现对文物和文化资源及其历史演变过程的完整保护，应将凝结于文物和文化资源之上的历史背景、历史演化过程，以及文物和文化资源在历史长河中的发展、延续和创新一并记录、保护下来。现有的三大国家文化公园中，长城建设历经战国到明代，大运河建设从春秋延续到隋唐，均历经千年，长征历经两年完成。现有国家文化公园的建设，应包含对附着于文物和文化资源之上的中国历史及文明的完整表达，体现国家文化公园的历史演化脉络。

从空间维度看，国家文化公园建设应充分考虑文物和文化资源物理空间分布的分散性，完整保护位于不同区域的文物和文化资源，将位于不同区域、同一主题的文物和文化资源统一保护起来，如长城国家文化公园和长征国家文化公园均跨越 15 个省份，大运河国家文化公园跨越 8 个省份。文物和文化资源空间上的跨区域分布，要求国家文化公园在建设中要充分考虑资源的空间完整性，构建跨区域的资源保护机制。

同时，国家文化公园的建设，在保护传承文物资源、文化资源和文化遗产的同时，还应考虑文物资源、文化资源、文化遗产等的存在形态与周边自然、社会、文化、经济等环境的关联性，保护资源及其所存在的文化空间。[1]

国家文化公园建设应坚持以上三大原则，将中华优秀传统文化、革命文化

---

[1] 吴丽云, 蔡晟. 国家文化公园建设应坚持三大原则 [J]. 环境经济, 2020 (16): 65.

和社会主义先进文化的保护和传承纳入其中，开发形成具有特定开放空间的公共文化载体，将其打造成为中华文化重要标志，在满足人民群众日益增长的精神文化需要的同时，不断增强中华民族的文化自信和文化认同。

第三节　国家文化公园的目标体系与遴选标准

一、国家文化公园建设的目标

建设国家文化公园，是党中央做出的重大决策部署，是推动新时代文化繁荣发展的重大文化战略工程。2017年中共中央办公厅、国务院办公厅印发的《国家"十三五"时期文化发展改革规划纲要》明确提出要规划建设一批国家文化公园，形成中华文化的重要标识，这其中就内含了国家目标。

（一）通过传播中华文明的标志性符号象征，强化中华文化的对内凝聚力和对外影响力

中国具有以历史文化传统为核心的文化认同型国家属性。其国家文化软实力（即对内凝聚力和对外影响力）来源于文化认同和文化自信，而民族文化符号和象征体系的建立，是提升文化认同和增加文化自信的基础工程。

国家文化公园建设是文化领域的基础工程。在全球化和多元化的世界中，一国的国民要形成对国家的认同，首要条件是必须寻找并定位一种"具有独特性的共同性"，而不能被淹没在同质化和共享性的一般性特征之中。但这是异常困难的。五大国家文化公园就拥有这种"符号识别"的独特功能：以长城、黄河、长江为轴线，向西连接丝绸之路，向北连接蒙古高原，向南连接江南水乡。在中国东部，以大运河联通长江稻作区与黄河麦作区。国家文化公园通过彰显中华文化的总体特征而提供一种总体性把握方式，架起强化国民文化身份认同的通道。

以长江国家文化公园为例。与美索不达米亚的"两河文明"不同，中华五千年文明可以概括为"（长）江（黄）河互济"驱动的"超级两河文明"——以"江河互济"为内在动力，以"两条对角线运动"（即西北——东南文明交流对角线和瑷珲——腾冲经济地理对角线）为表征的文化结构系统。这也是我们深入理解保护传承弘扬长江文化，以"延续历史文脉，坚定文化自信"的核心内涵所在。

(二）通过打造中华文化超级 IP，创新中华文化向世界传播的情感叙事结构和"地理媒介"能力

从 20 世纪 30 年代的法国年鉴学派开始，西方学界开始关注历史上的情感对于人类历史发展的影响，重新解释历史事件中情感的作用和影响，进一步提出并非只有理性，情感同样是推动历史发展的力量。

国家文化公园的建立，建构了一种独特的情感叙事结构。它利用事件、功能、插曲、主题、状态、核心、行动和空间等来描述事件境况和历史场景，借以联通表层故事背后的深层结构——族群和国家的精神文化状貌和核心价值观，一定程度上让这些沉淀在族群共同体中无时间性的深层结构，在国家文化公园叙事（如文化旅游线、城市景观轴线等）中得以展现。

长江、黄河、长征、大运河、长城均为富含象征、意义、符号、价值、情感和记忆的场所或地点，这些具体的文化空间具有延伸历史轴线、增强历史信度、丰富历史内涵、活化历史场景的独特作用，具有增强中国在国际上的影响力、话语权的"地理媒介"能力。

在全球化和信息技术化时代，对湖北和武汉来说，长江是全球顶级的地理传播媒介。地理空间不仅仅是旅游载体，而且在数字技术时代更具有传播媒介的功能。作为地理传播媒介的长江，对湖北和武汉文化旅游品牌的形象塑造和对外宣传能够起到非常明显的作用。长江干流流经湖北省，构建了湖北的生态基底、文化根基和经济形态。武汉"两江三镇"的文化地理格局，"水、中、通"的三大比较优势，天然地形成了长江国家文化公园建设的核心腹地。[①]

二、国家文化公园的遴选标准

（一）国家文化公园应具有国家代表性

国家代表性在国家公园遴选中极其重要，在国家公园体制建设中，国家代表性的含义是资源具有国家代表性和管理具有国家代表性，不仅强调国家公园应选择具有全国乃至全球意义的自然景观和自然文化遗产的区域，还要体现国家公园的设立和发展必须符合国家的整体利益和长远利益，应由国家来设定并协调各相关利益方的利益诉求。具体到历史文化资源类的国家公园，历史公园应与国家重要的人物、事件或主题联系起来，应具有重大代表性价值，或者应

[①] 傅才武. 长江国家文化公园建设中的国家目标、区域特色及规划建议 [J]. 决策与信息，2022 (8): 5-9.

当包含具有重大科学意义的考古学资源。

(二) 国家文化公园应具有全民公益性

公益性是国家公园最基本的属性,其内涵包括为公众利益而设、对公众低廉收费、使公众受到教育、让公众积极参与等观念。而国家公园的人民属性则体现在各条定义里所表达的"人类福祉与享受""人民的利益""服务于人民""世代人民"等概念之中。国家公园应具有为大众提供公益性的娱乐游憩机会的功能。国家公园应提供环境与文化兼容的精神享受、科学研究、自然教育、游憩和参观的机会。"国家公园"的"公",不仅是公有制的"公",也是体现"全民公益性"的"公"。国家公园应为全体中国人民提供作为国家福利而非旅游产业的高品质教育、审美和休闲机会,提供包括当代和子孙后代的全民福祉。[①]

世界上许多国家建立国家公园的目的是在实现保护生态系统的同时开展教育、科研、游憩等活动,并将国家公园看作是公益性场所。如新西兰、韩国等地区的国家公园对公众免费开放;美国、英国等国家的国家公园也仅收取很低的门票,且将所有收入用于公园日常管理、资源保护等方面。

第四节 建设国家文化公园的问题与策略

一、国家文化公园建设中出现的问题

(一) 线性文化遗产保护缺失与文化遗产保护体系重叠

我国遗产保护类型不断丰富,但文化遗产管理体系中分类模糊、层次缺失、类型重叠等问题一直未得到有效解决。

首先,中华文明绵延了数千年,蕴藏着丰富的线性文化遗产,除长城、大运河、长征三大国家文化公园以外,茶马古道、丝绸之路更是跨越了行政区划甚至是国家边界。但目前,我国文化遗产保护体系中的保护主体以文物和点状遗产资源为主,未将线性文化遗产的保护纳入其中。对于线性文化遗产的保护和管理以文物保护单位模式为主,选择性保护问题突出,其中明长城墙体保存

---

① 邹统钎. 国家文化公园管理总论 [M]. 北京:中国旅游出版社,2021:33-35.

较好的很少，而八达岭、嘉峪关等处存在过度保护的问题。

其次，现有文化遗产保护体系交叉、重叠、疏漏等问题突出。我国文化遗产保护体系中的一个主要构成部分是文物保护单位，根据2017年修订的《中华人民共和国文物保护法》，文物保护单位主要由古文化遗址、古墓葬、古建筑、石窟寺、石刻、壁画、近代现代重要史迹和代表性建筑等不可移动文物构成。但由于自然生态环境和历史文化环境的复杂性与关联性，中国大运河、红河哈尼梯田等世界遗产的完整性保护范围内涵盖了不同类型的文物和文化资源，这种资源类型的遗产保护体系使遗产保护过程缺乏目标导向。遗产保护体系还包括风景名胜区，住房和城乡建设部于2008年公布的《风景名胜区分类标准》按照自然和人文资源将风景名胜区分为十四种类型，其中壁画石窟类、纪念地类、陵寝类等分类与文物保护单位存在部分重叠。除了文物保护单位和风景名胜区以外，遗产保护体系还增加了按照遗产资源类别设置的考古遗址公园、文化生态保护实验区和非物质文化遗产生产性保护示范基地，造成整个文化遗产保护体系的松散、交叉问题。此外，这些遗产保护主体大多是在"抢救性保护"的思路下以"自愿申报"的方式建立，有的遗产地甚至只是将同一个遗产保护主体中原有的不同形式的保护地进行简单整合、换个牌子，导致其在文化遗产保护体系中的隶属关系不清晰，出现重申报、轻保护等问题。

(二) 分头管理的体系具有弊端

中华人民共和国成立初期，面对文物流失、破坏严重的局面，中央政府迅速设立了自中央到地方的文物行政机构，在全国范围内开展针对文物资源的调查、建档与修复工作，文物保护单位制度应运而生。随着中国参与世界遗产保护方面的国际交流与合作不断增加，基于城市历史环境的保护观念开始萌芽，《中华人民共和国文物保护法》《历史文化名城名镇名村保护条例》等政策法规的颁布标志着我国由建设主管部门会同文物主管部门管理文物保护单位和历史文化名城（村、镇）的多层次文化遗产管理体系基本形成。然而，伴随着我国城市化进程的加快，这种看似权责分明的分头管理模式也出现了各自为政的问题，并且这一问题逐渐成为阻碍我国文化遗产完整性保护的关键性症结。

文物保护单位以文物的修缮与保护为首要职责，缺乏对其周边环境的保护和规划，也无权限制文保单位建设控制地带以外的城市建设环境，这使得许多古建筑失去了原有的文化环境，孤岛般地置身于现代城市建筑之中。历史文化街道、历史文化名城（镇、村）的保护注重与城市整体规划相一致，保护方式缺乏专业性，对城市背后的历史文化和时代印记挖掘不够，导致原生文化受到外来文化的冲击，逐渐变得表层化和世俗化，过度商业化的历史文化街区和千篇一律的仿古建筑比比皆是。

我国大型线性文化遗产以及文化与自然双重遗产大多是一种条块分割、以块为主的属地管理模式，在同一遗产地内，由国土、文物、林业等多个部门按照各自的职责分工实施管理，具有多头管理的特征。因为遗产地内的自然和文化资源通常属于公共资源，具有非排他性和竞争性，所以在保护过程中，无论是多个管理部门中的哪一方对景区资源保护和设施维护做出贡献，其所获得的收益都会被所有使用者共同享有，即便他们并未投入任何成本，这种"搭便车"行为容易使资源保护者变为责任逃避者。相应地，任意一方过度地开发和利用景区内的自然和文化资源几乎不用承担成本，而所产生的收益却分散到所有共同使用公共资源的人身上。因此，各部门在景区开发和运营过程中往往尽量多、尽量快地利用公共资源，在面对资源保护和管理责任时却相互推诿和扯皮，导致"公地悲剧"现象时有发生。随着考古遗址公园、文化生态保护区等新型遗产管理模式的出现，各遗产地依据实际管理需要制定相应的规章。但是由于缺乏清晰明确的文化遗产保护体系的指导，基层遗产管理机构编制混乱而复杂，仅考古遗址公园就包括管理处（所）、文物行政部门、博物馆、管委会等多重管理机构，其间又缺乏协调与衔接，进一步加大了文化遗产管理的复杂性。

（三）三权合一的"诺斯悖论"与三权分离的"保用失衡"问题

"三权合一"与"三权分离"之争一直都是学界关注的焦点，其本质是探讨如何处理管理权与经营权之间的关系才能到达到资源保护与利用的产出最大化。在中国，土地资源虽为国家所有，但人民和中央政府并不直接控制土地，主要通过行政管理的方式由中央向地方授权，由地方掌控着中国大部分的经济资源，尤其是土地资源、自然资源和文化资源的所有权、管理权与使用权。这种 M 型结构的分权管理模式使得地方政府在文化遗产保护利用方面具有较强的自主性和灵活性。

地方政府既是"运动员"又是"裁判员"的三权合一的产权制度常会使其陷入保护文化遗产、增进社会福利与偏离管理目标、损害社会利益的"诺斯悖论"（国家悖论）中。20 世纪 80 年代初，我国开始实施以地方经济发展绩效为导向的地方政绩考核。遗产资源保护工作需要巨大的经费支持，但其经济绩效一般难以度量，激励强度较低，因此地方政府倾向于将资金投入到短期内能带来经济增长的产业中，而非文化遗产保护事业。同时，依托遗产资源进行旅游开发所获得的门票收入和经营收入大多属于非税收收入，被视为地方政府的"小金库"，可由其自由支配。财政包干体制强化了遗产地旅游经营活动对地方政府的财政和经济激励，使得在同一景区内，资源保护和利用的激励强度不同，交叉补贴问题出现，更多、更高质量的资本投入到了激励性较强的经营活动而非保护活动中。最终，地方官员追求地方经济增长，谋求其经济和政治利益最大化的现实路径替代了地方政府追求文化遗产保护和利用上的社会福利最大化的目标路径。

三权分离的产权制度通常是将经营权以市场化方式转移或让渡给企业，由地方政府或其派出机构担任文化遗产资源的所有者和监管者。其中，一种是将经营权转移给政府独资的国有企业或国有控股企业进行经营，如湖南张家界武陵源旅游产业发展有限公司、四川峨眉山旅游股份有限公司等。这种"一套班子、两块牌子"的经营管理体制本质上与三权合一的管理体制相似，更容易导致政府部门管理权的丧失，出现政府庇护下特权垄断、效率低下、市场失灵等现象。另一种是将部分开发与经营权有偿委托给私营企业进行经营，如湖南凤凰古城文化旅游投资股份有限公司。这种管理方式虽然能够大幅减轻财政压力，但营利目标与保护目标的冲突往往导致资源公共属性的边缘化，导致遗产保护与利用的失衡。[①]

二、建设国家文化公园的策略

（一）整合文旅资源，打造文旅融合的第一品牌

国家文化公园建设路径一是文旅资源整合，发掘"中华文化"的艺术价值和精神内涵；并在此基础上"让历史说话、让文化说话"。如博雅方略对"延安红色文化"的整合，将红色文脉、地脉、人脉统一起来，打造八大场景展现"圣地延安"超级 IP 集合。

（二）精细化开发，走高质量发展道路

国家文化公园建设要精细化开发，从顶层设计、管理体制、运营机制、政策支持等方面向国际通行标准看齐，走高品质发展之路。国家文化公园的建设要突出"文化为基础、创意为核心、旅游为载体、产业为目标"四位一体整体推进；持续推动供给侧改革，实现由国家文物保护单位向国家文化公园的转型，推动国家文化事业与国家文化公园产业良性互动。在博雅方略的"嘉峪关旅游大景区建设规划"中体现了走"精细化、高品质之路"的主线，将嘉

---

① 邹统钎，韩全，李颖. 国家文化公园：理论溯源、现实问题与制度探索［J］. 东南文化，2022（1）：8-15.

峪关打造成为"长城世界文化遗产旅游目的地"和国内"高品质复合型长城文化龙头景区"。①

（三）与区域一体化相结合，推动区域整体开发

文化脉络先于行政区划而存在，地缘文化区域往往跨越2个甚至数个行政区。以长城国家文化公园为例，总长度逾2万多公里的长城遗存散布于15个省区市。国家文化公园的建设需要打破行政区划限制，融入更高级别的全域旅游体系、融入区域一体化体系，在统一管理之下，以顶层设计统领国家文化公园跨区域整体开发；同时需要因地制宜，尊重地域发展差异，通过标准化、制度化，面向消费者呈统一的服务和配套。如"井冈山茅坪乡规划"将井冈山精神融入全域旅游中，通过"红绿结合""红农结合""红乡结合"以及"红创结合"有血有肉地展现老区人文生态圈，建设全国红色文化旅游创新发展的样板区。

（四）在区域竞合中追求差异化发展

国家文化公园的各个公园需要在竞合中追求差异化，发掘自身竞争优势，传承和表达好自身文化特质。以丝绸之路文化为例，陕西定位"起点"、新疆定位"核心区"、宁夏是"战略支点"、甘肃是"黄金段"、青海是"战略基地"，五省各具特色，形成共赢的体系。博雅方略在"山西娘子关景区总体规划"中考虑到在竞合中决胜的问题，立足"万里长城第九关"千年底蕴，集关隘长城文化、红色文化、民俗非遗文化于一体，打造全国知名长城文化旅游目的地、国家长城文化公园（山西段）的先行先试区。

（五）重视项目的实施，助力各项工作有序推进

国家文化公园的落地实施离不开各级政府的高度重视，特别是文化传承地政策的重视。《长城、大运河、长征国家文化公园建设方案》和《大运河文化保护传承利用规划纲要》出台后，扬州市委、市政府高度重视大运河国家文化公园（扬州段）的建设，"一把手工程"指引各项工作稳步推进。

（六）协调保护制度，保证文旅融合的可持续性

国家文化公园这一概念强调的是其所囊括景点共同具备的文化属性，这也使其与以往的公园明显地区别开来。国家文化公园无论是从发展的角色定位

---

① 窦文章. 文旅产业讲稿[M]. 北京：旅游教育出版社, 2020：181-183.

上，还是从地理范围来看，对于地方资源的保护与利用都不应也不能局限于单个地方的文化保护或旅游景区的开发，而是对文化公园范围内所有自然资源与文化资源的综合利用与保护，最终形成开放式的文化输出载体，从而更好地拓展其生态保护和教育功能，呈现与传承生态文明建设的精神内核，保证国家文化公园所在的整个线性遗产与文旅融合的可持续性。

自 2021 年以来，国家文化公园建设工作领导小组先后印发了《长征国家文化公园建设保护规划》《大运河国家文化公园建设保护规划》《长城国家文化公园建设保护规划》等相关建设和管理文件，同时，国家文化公园范围内其他省份的建设保护规划也即将完成。下一步，向上应考虑设立针对国家文化公园综合资源利用与保护的相关法律法规，向下各省份应考虑建设落实过程中的相关问题，制定地方相关管理办法。值得注意的是，无论立法或制定管理办法，一方面应注意对国家文化公园的各类资源进行整理与细分，要有利于挖掘各类资源能够往深、往外渗透精神文明建设的价值；另一方面则是要思考如何保障国家文化公园分区建设中，能选取最适合的方式将综合资源转化为能够体现生态文化与精神的载体。

此外，还要兼顾相关地区居民的生产生活需要，维持周边群众在建设国家文化公园过程中日常生活的稳定。公园是公共空间，属于全民所有，具有全民属性。因此，只有从大众性出发理解、建设和管理国家文化公园，才符合国家文化公园的初衷，才能使其功能得到最大化的发挥。[①] 只有通过合理的资源利用以满足游客的游览需求和接受偏好，同时维护当地居民的生产生活方式，使得游客和当地居民都成为精神文明建设的受益者和传播者，才能保证国家文化公园各项工作得以顺利、长久的推进，同时推进整个线性遗产与文旅融合的可持续发展。

（七）为地方特色注入"国家性"

国家文化公园的地缘位置一般都横跨数个省份，包含的文化遗产与文物遗产往往具备占地面积广、分布线程长、辐射地点多的特点。因此，建设国家文化公园首先要坚持整体观念，加强系统统筹。同时，在统一的策划设计方案之下，还要考虑到每个区域的地方特色。北京师范大学地理科学学部教授吴殿廷认为，可以按照"和而不同"的战略来建设国家文化公园。"和"指的就是文化公园在主题设计、策划推广等方面的一致，就是要突出整体一致的"国家

[①] 孙华. 国家文化公园初论——概念、类型、特征与建设 [J]. 中国文化遗产，2021，105 (5)：4-14.

性"，在关键性历史区域开发时，要挖掘能够构成时代记忆的历史信息，使其成为认识国家历史、坚定文化自信的重要功能区[①]；"不同"指的则是各个景点之间也需要具有差异性，为游客提供丰富多彩的游览体验。可以说，国家文化公园的建设既要成为中华民族共同体的标识，同时也要服务于地方特色文化旅游品牌的打造。

（八）融入多元文化，拓展文化旅游的功能

国家文化公园建设的主题之一是推进生态文明建设，当代中国的生态文明建设，越来越成为国内政治、经济、文化、社会治理和国际治理、全球博弈交织在一起的综合性问题，成为衡量五位一体总体布局是否全面、协调的重要内容。合理融合民族、革命和传统文化是国家文化公园发展建设的重要工作。因此，建设中要以区域历史为背景，以自然生态为依托，以民族文化和革命文化为底蕴，拓展文化旅游的教育功能。

当前的国家文化公园都蕴含着丰富的中华民族传统文化因素，同时能够突出展现中国共产党领导下该地区的发展进程。通过多样灵活的方式和内容将这些文化教育素材呈现出来，能够使游客在体验我国传统文化时，接受生态教育与爱国主义教育。国家文化公园拥有着丰富的生物物种，除了各种野生动物之外，还有稀有植物以及山水景观。利用这些生态教育素材，为游客安排观潮、赶海、看日出、赏月等旅游活动，可以将我国生态文明建设进程成果自然而然地展示给游客，起到一定的生态文化教育作用。在此基础上，可以添加文化教育素材与之相结合，无论是党的故事、革命故事或是历史故事，都能够成为激励游客、教育游客的素材之一。以国家文化公园为教育载体开展针对不同游客群体的、类型多样的研学旅游活动，能够激发全年龄段的游客对祖国、对党、对人民的热爱之情，培育游客切实践行社会主义核心价值观，增强游客对地方和国家的认同感。

（九）合理引用现代化建设手段，优化游览体验

国家文化公园的特质属于线性遗产，但由于地缘分布、路线设置与活动安排等条件限制，游客对于国家文化公园的实际游览行程却往往不是线形的，通常只会把其中的几个景点作为游览节点。这就导致了游客对于国家文化公园的认知仅仅停留在几个景点，不能对国家文化公园的价值有一个整体上的认知。

---

① 李渌，徐珊珊，何景明. 文化记忆与乡村振兴：长征国家文化公园的社区参与——基于贵州省清镇市观游村索桥红军渡的个案研究［J］. 旅游科学，2022，36（3）：72-90.

而数字技术的注入,能够为游客提供更全面的游览内容。科技创新为当前旅游产业的发展注入了新的动力,诞生了云旅游等新业态,突破了传统地域、交通、空间的限制,能够真正让游客获得不一样的感受和体验。通过数字技术与互联网思维的结合,推出系列数字产品,以适配公园的线性特征及游客的活动规律,从而有效优化游客的游览体验。

利用游客使用新媒体平台的习惯行为,以及数字平台在时间和空间上的无限制性,开发手机 App 或运营新媒体账号。一方面采集国家文化公园的自然及人文的数字资源,并将其以符合新媒体时代传播特征的方式、以线性的形式展示出来;另一方面配合游客的旅游活动规律,在满足其在当前旅游景点活动的需求的前提下,为其提供线上体验整个国家文化公园旅游景点的功能,激发游客对其他景点游览的兴趣,为游客从整体上认知国家文化公园的生态价值提供可能。例如,长征国家文化公园先后推出了官方网站、"长征文物地图"手机小程序和"强渡天险"App 等系列数字产品,并根据不同平台自身的特点投放了不同的数字产品内容。这些极具特色的数字产品内容能使游客切实体会长征精神、学习军事知识、形成文物保护意识,保证了长征国家文化公园的核心精神与文化形象能够得到全方位的有效教育及接受。①

---

① 樊潇飞.新时代文化旅游发展中建设国家文化公园的价值、问题与优化[J].社会科学家,2022(12):51-57.

第二章　国家文化公园具体建设研究

国家文化公园既是特定开放空间的公共文化载体，也是兼具国家性、民族性和世界性的文化名片。国家文化公园建设需要形成具有中国特色的国家文化公园建设模式，构建更加适宜的文化治理话语体系和实施体系，推动中华优秀传统文化展现永久魅力，焕发时代风采。本章对国家文化公园具体建设问题进行了分析与探讨。

第一节　国家文化公园建设关键、维度与办法

一、国家文化公园建设关键

（一）协调好保护与开发工作

建立国家文化公园的目的是保护文化遗产系统的原真性、完整性，把最应该保护的地方保护起来。[①] 国家文化公园坚持全民共享，着眼于提升文化遗产系统服务功能，开展文化遗产保护教育，为公众提供了解文化遗产的机会以及游憩的场所。要鼓励公众参与，调动全民积极性，激发文化遗产保护意识，增强民族自豪感。同时，旅游开发是保护、传承和发展传统文化和自然遗产的有效途径，在传承弘扬中华优秀传统文化中发挥着重要作用。因此建设国家文化公园要加强对文化和自然遗产的保护，协调文化遗产保护与旅游开发的关系，实现文化旅游开发与文化遗产保护的共赢。

---

① 吕宁，赵亚茹. 中国休闲城市发展报告 [M]. 北京：旅游教育出版社，2020：136.

(二) 构建完善的国家文化公园管理体制

大运河、长城、长征等国家文化公园项目涉及省市众多，因此对国家文化公园进行统一的管理就显得尤为重要。因此，需整合相关文化遗产保护地管理职能，结合文化遗产管理体制、遗址遗迹管理体制、自然资源监管体制改革，组建统一的管理机构，由一个部门统一行使国家文化公园遗址保护地管理职责。管理机构需履行国家文化公园范围内的文化保护、遗址遗迹保护、生态保护、自然资源资产管理、特许经营管理、社会参与管理、宣传推介等职责，负责协调公园与当地政府及周边社区的关系。

(三) 实现标准化管理、特色化发展

大运河贯穿祖国南北，长城绵延华夏东西，长征国家文化公园横跨祖国疆土，国家文化公园涉及区域广泛，南北、东西地域差异较大，这就要求国家文化公园建设要在基础设施建设标准、服务质量评价标准等相对统一的前提下，根据各地区地域特点，充分挖掘当地的文化元素和本土特色，充分尊重并利用当地的人文、地理、环境等资源，优化服务环境，创建优质而独特的游览环境，实现标准化管理、特色化发展，实现共性和个性的统一。

二、国家文化公园建设维度

(一) 统筹维度——协同性

1. 协同性是保证文化完整性的客观要求

国家文化公园呈现出跨区域的空间形态，每个国家文化公园的建设都涉及多个省市。

从文化分布的横向空间来看，国家文化公园的建设范围涵盖了多种文化类型。例如，黄河国家文化公园的建设涉及沿线9个省区，按照流域划分，涵盖了藏文化、巴蜀文化、关陇文化、河套文化、三晋文化、中原文化、齐鲁文化等多种文化类型。黄河国家文化公园必然是多层次、融合性、丰富多元的文化空间。

从文化发展的纵向谱系来看，建设国家文化公园要兼顾传统文化的传承、革命文化的弘扬，以及当代先进文化的阐释，注重文化的多样性、层次性和文化序列的完整性、延续性。因此，要整合国家文化公园沿线区域的文物和文化资源，实现多元文化的集成、阐释和传播。既要依循时空双重维度，充分挖掘国家文化公园建设范围内的各类文化资源，又要根据不同文化的禀赋特点，创

新文化呈现、解读、传播的手段与媒介，从而使丰富多元的文化既汇聚于共同的国家文化公园主题之下，又各放异彩，展现出多层次的文化内涵。

2. 协同性是彰显多元化特质与复合性功能的内在要求

国家文化公园依托国家重大文物和文化资源建设，具备文化保护传承利用、公共文化服务、国家形象塑造、实施文化治理等多重功能，是一个规模庞大、体系复杂、多维立体的文化空间。[①]

一方面，国家文化公园建设应实现文化保护、传承、利用、创新等多重目的的系统性协同。国家文化公园内部的管控保护区、主题展示区、文旅融合区和传统利用区等各类功能区的建设不是割裂的，而是在同一文化发展链条下实现从保护传承到合理利用的延伸。在建设时，只有统筹规划国家文化公园的多重功能，建立起不同功能区之间的合作与协调机制，才能保证文化价值的完整性彰显和创造性实现。

另一方面，国家文化公园建设是以文化资源共享为核心的有效联动，是实现建设区域内各类文化和自然遗产资源的系统性、整体性保护的创新性尝试。搭建统一的信息共享平台、资源管理平台和宣传推广平台，是促进国家文化公园整体价值实现的重要举措。

3. 协同性是统筹推进国家文化公园建设的现实要求

国家文化公园建设是一项综合性的公共文化工程，涉及跨区域协同、跨部门合作、多主体协调等方面的问题，既要处理好原有规划、法律、法规与拟订规划的有效衔接，还要处理好各地资源禀赋、人文历史、区位特点和公众需求等层面的统筹协调工作。因此，需要统一编制各个国家文化公园的规划方案，并在此基础上对国家文化公园跨地域分段做出具体规划，明确不同地区和部门在国家文化公园建设中的具体目标和任务，避免功能定位不清晰和重复建设带来的资源浪费。根据国家文化公园的建设需要，在文化和旅游部的协调下，以省为单位统筹各类资源的投入和配置，充分发挥各方优势，在全国范围内形成建设合力。还要形成整体性思维，推动以政府为主导，各级政府部门、研究机构、市场主体、社会组织等力量广泛参与的网络化结构的形成，构建层次分明、权责清晰的组织管理体系。

（二）实践维度——在地化

1. 在地化凸显地域文化特色

在地化概念强调本土化立场，是指特定事物与本土文化生态的契合。国家

[①] 白栎影，王秀伟. 国家文化公园建设的三个维度［J］. 人文天下，2021（7）：45-48.

文化公园是兼具共通性与独特性的公共文化产品，既凸显整体标识，代表国家形象，又有着特定主题和内涵。例如，长征国家文化公园以红色基因传承、红色文化传播为总体基调，黄河国家文化公园以讲好黄河故事、弘扬黄河文化为核心思想。主题不同，意味着国家文化公园建设需要深刻把握地域文化的独特内核，体现文化的丰富内涵，要把国家文化公园与特定地域的关系、不同地域的文化特点充分考虑在内。国家文化公园的核心是文化建设，只有根植于富有特色的地方文化，逐步建立起国家性宏大叙事与地方性特色故事之间的关联，国家文化公园建设才能拥有内生性的文化动力。

2. 记忆场所建设是在地化的主要方式

国家文化公园在地化建设的过程，也是文化记忆建构和场所化实践的过程。文化记忆赋予国家文化公园更为丰富的地方意义，也是赋予情感价值的重要元素。因此，国家文化公园在地化建设要以文化记忆为纽带，进行地方性文化记忆场所的保护、建设与传承利用。国家文化公园建设不仅要通过文化记忆的融入与建构，建设仪式化、规模化的文化空间，还要注重保护、利用贴近大众生活、承载地方性集体记忆的记忆场所。通过在国家文化公园内部建立多层次的记忆场所网络，使国家文化公园与地方文化、大众文化生活建立密切关联，让国家文化和国家话语得以在地化诠释与传播，从而实现共同文化身份的塑造和民族文化认同感的激发。

3. 在地化保证国家文化公园的建设实施

在地化进一步要求符合地方需求的建设，在地化的实践是国家文化公园建设由基本理念转化为具体行动的关键。这就决定了国家文化公园建设的具体任务要落实到不同地区，依赖各地方进行具体推进。同时，国家文化公园的建设要满足公众需求、得到群众认可，并经得起时间考验，就要反映在地化的特点，在总的建设原则下解决公众的公共文化关切和需求。

国家文化公园建设任务由各省分段推进。不同省段的建设要关照当地的自然环境、资源禀赋、人居环境、配套设施等基础条件，努力创设更加积极有利的建设条件，形成特色的在地化建设模式。此外，国家文化公园的在地化建设实践还要注重与建设区域相关国家战略、区域发展战略、城市规划、重大工程建设的实施相结合。例如，大运河国家文化公园建设与大运河文化带保护传承利用规划相配合，黄河国家文化公园建设充分结合黄河流域生态保护与流域高质量发展战略。

三、国家文化公园建设办法——划分主体功能区

国家文化公园根据文物和文化资源的整体布局、禀赋差异及周边人居环境、自然条件、配套设施等情况，结合国土空间规划，重点建设 4 类主体功能区。

（一）管控保护区

由文物保护单位保护范围、世界文化遗产区及新发现发掘文物遗存临时保护区组成，对文物本体及环境实施严格保护和管控，对濒危文物实施封闭管理，建设保护第二、传承优先的样板区。

（二）主题展示区

主题展示区包括核心展示园、集中展示带、特色展示点 3 种形态。核心展示园由开放参观游览、地理位置和交通条件相对便利的国家级文物和文化资源及周边区域组成，是参观游览和文化体验的主体区。集中展示带以核心展示园为基点，以相应的省、市、县级文物资源为分支，汇集形成文化载体密集地带。特色展示点布局分散但具有特殊文化意义和体验价值，可满足分众化参观游览体验的需求。

（三）文旅融合区

由主题展示区及其周边就近、就便和可看、可览的历史文化、自然生态、现代文旅优质资源组成，重点利用文物和文化资源外溢辐射效应，建设文化旅游深度融合发展示范区。

（四）传统利用区

城乡居民和企事业单位、社团组织的传统生活生产区域，合理保存传统文化生态，适度发展文化旅游、特色生态产业，适当控制生产经营活动，逐步疏导不符合建设规划要求的设施、项目等。

第二节 国家文化公园的规划建设研究

一、景观规划建设

(一) 景观规划原则

1. 避免城市园林化

大运河遗产周边景观营造应避免城市景观园林化，大运河遗产所处环境分为郊野环境和城镇环境两种类型，其中，在郊野环境中进行景观营造，应以现存景观环境为主，适当改造提升，保持自然的郊野风貌，不宜采用城市园林化的方式。大运河穿过城镇区域，其周边环境营造应结合城镇的发展特点，借助微环境、微地形的处理方式，大量种植适宜的植被，对周边高大建筑物进行遮挡，营造舒适的、亲近自然的场所，应体现大运河恢宏的特色，避免城市花园式的改造。

2. 彰显遗产历史文化

景观营造应基于对文化遗产的深度认知，景观设计应彰显遗产历史文化；不同的历史文化，配合不同的景观环境氛围，两者相互协调、相得益彰。景观营造的过程是对历史文化深入挖掘、学习、再创造的过程，好的景观营造可提升文化遗产的形象，反之则会降低文化遗产的吸引力。

优秀的景观营造是批判的吸收，而不是盲目的照搬；通过景观的精品营造，吸引游客、凝聚人心，彰显文化遗产的历史内涵、传承文化遗产的精神内核。

3. 分类营造

由于大运河文化遗产类型丰富，采用单一的营造方法，不能满足不同类型文化遗产的营造需求，因此，需要遵循分类营造的原则。针对空旷的郊野环境可采用相对粗糙的大尺度营造，达到顺应自然地形地貌的特点；针对河道两侧密集的建成区域，则应以整治现有建筑为主，在适当区域增加留白处理，并配以简单绿化景观，不宜进行大规模整治性营造。

(二) 景观规划方法

1. 残缺修补法

针对大运河遗产的景观进行勘察，对残损、破坏的景观环境进行残缺修补，是大运河遗产景观环境营造的主要方法。其核心是修补，而不是再造。因此，对原始景观环境的调查成为景观修补的关键。对开挖取土、人工破坏、自然侵蚀等各种病害进行调查，排除安全隐患，对残缺部分进行修补，恢复文化遗产应有的景观环境，即所谓的残缺修补法。

2. 微地形营造法

针对大运河遗产中被严重破坏的景观环境，原始环境已无从探查，现有环境又极为混乱、破败，与文化遗产内涵严重不符，可采用微地形营造法改善文化遗产的景观环境。微地形营造法属于景观再造的过程，实施时应慎之又慎，避免干预过当，适得其反，因而需要以现有地形地貌为基本轮廓，顺势而为，实施微创式改造，切忌采取移山填海式的改造方法。微地形改造的目的是提升文化遗产的景观环境质量。

3. 景观写仿复原法

同样是针对大运河遗产中被严重破坏，原始环境已无从探查，现有环境又极为混乱、破败，与文化遗产内涵严重不符的景观环境，但经勘查原景观环境脉络基本清晰，照片、文献记载、采访记录等佐证材料充分，能够据此绘制完整的原始景观环境图纸，且文化遗产环境具备复原的可能性，可采用景观写仿复原法进行营造。写仿是园林造景的手法，复原是建筑遗产修复的方法。景观写仿复原法是指借鉴建筑遗产复原的方法，将之应用到大运河环境景观的营造，并结合园林造景中写仿的手法，能提炼出适用于大运河遗产景观营造的方法。景观写仿复原法不是简单的模仿与重复，而是有依据的恢复与再造。

二、国家公园游憩产品规划

（一）总结游憩产品规划经验，探索其规划模式

通过文献查阅，总结我国保护地的游憩产品规划经验。结合实地调研，对国家公园的游憩环境、游憩资源及游憩活动现状进行调查和分析，初步建立国家公园体制试点区游憩产品适宜性评价指标体系。对国家公园的游憩产品进行评价，归纳典型单项游憩活动对游憩环境及资源的具体要求。梳理不同类型国家公园的适宜性游憩产品，形成国家公园体制试点区游憩产品谱系，总结游憩产品规划模式。具体内容包括：（1）研究国家公园的游憩环境、游憩资源及游憩活动现状；（2）研究国家公园游憩产品适宜性评价指标体系及评价方法；（3）研究国家公园单项游憩活动适宜性评价技术；（4）构建国家公园游憩产品谱系。

(二) 对游憩产品进行梯度化规划提升研究

国家公园游憩产品应兼顾资源保护性利用与游客体验。通过查阅文献，对国外先进的游憩产品与游客体验理论框架进行本土化，丰富适用于我国国家公园的游憩产品与游客体验理论体系。实地调研，了解国家公园游客的游憩需求以及游憩产品体验现状，量化二者之间的差异。在游憩产品提升中强调自然教育功能，加强自然教育活动设计与自然教育课程开发技术研究。结合国家公园游憩产品规划模式，对游憩产品进行梯度化规划提升研究。具体内容包括：(1) 研究国家公园游憩产品与游客体验理论体系的本土化策略；(2) 研究国家公园游客的游憩需求；(3) 研究国家公园游憩产品的体验性；(4) 研究国家公园自然教育产品评价与开发途径；(5) 研究国家公园游憩产品的梯度化规划提升技术。

(三) 合理划分休憩机会，优化游憩产品空间

依据生态系统的完整性，以及科学研究、环境教育及生态旅游的需要，国家公园具有不同的功能分区。为了保护好生态系统的完整性，利用好游憩资源，实现游憩的可持续发展，应强化游憩产品的空间布局。基于游客感知价值、游客满意度和行为倾向的研究，对国家公园体制试点区的游憩区及其周边地区进行不同游憩机会的划分，针对不同游憩区域进行结构调整、功能定位以及游憩产品的合理配置和空间优化（线路、交通），实现游憩产品的差异性、有序性和组合性。具体内容包括：(1) 国家公园游憩机会清查；(2) 研究国家公园游憩区游客感知价值、满意度和行为倾向；(3) 研究国家公园游憩产品空间分配；(4) 研究国家公园游憩产品空间布局优化模式。

(四) 研究游憩区管理手段

游憩产品的开发会对游憩场地的自然、社会和管理方面的特征造成改变。为了在资源影响最小化的基础上使游客体验最大化，游憩区管理手段必不可少。应对游憩环境、游憩活动、游憩者、游憩体验进行管理方法归纳和总结，提出游憩区单体的管理模式。同时，考虑国家公园体制试点区的社区及周边地区，提出区域性发展战略。具体内容包括：(1) 研究国家公园的游憩环境管理；(2) 研究国家公园的游憩活动管理；(3) 研究国家公园的游客管理；(4) 研究国家公园的游憩设施与游憩服务。

第三节　国家文化公园投融资体系建设研究

一、国家文化公园投融资存在的问题

（一）国家文化公园的利润空间小，对市场的吸引力不强

通过了解以往国家公园建设及现有国家文化公园建设存在的问题，最突出的就是建设的巨大资金需求和融资能力弱的矛盾，较之以往的招商引资不同，国家文化公园的选址往往不具备区位优势，地处远离消费中心地带、对于社会资本的吸引力较低的市场，社会资本普遍认为国家文化公园的利润空间小，这是融资难的主要原因之一。

（二）融资渠道单一

目前我国的国家文化公园的资金来源主要是财政拨款，其中地方财政占主要部分，捐赠及社会参与资本占比较低，虽然这体现出了国家文化公园的公共性质，但不利于国家文化公园的深度开发。另外，国家文化公园的建设周期长、空间跨度大、回报机制缓慢，这导致其难以获得社会资本的青睐。

（三）建设国家文化公园的模式不足，防范风险的能力薄弱

此前许多学者提出采用政府和社会资本合作（Public-Private-Partnership，PPP）模式建设国家文化公园，这是不符合国家公园建设要求的，并且PPP模式存在诸多弊病，比如私有化严重、透明度不高、过于突出盈利目的等。[①]另外，对于建设融资方面，需要防范资金使用成本过高和资金投入结构失衡的风险，着重突出国家文化公园的宣传教育意义，而非侧重旅游业的建设模式。同时基于国家公园建设的要求，笔者认为国家文化公园需要在以国有背景下，有序接纳市场资本的同时，探索新型管理模式，增强风险防范和应对能力。

---

① 贺炳旭，孙会谦. 国家文化公园投融资体系建设构想[J]. 北方经贸，2022（7）：136-139.

二、国家文化公园投融资逻辑

(一) 进行建设项目调研

各地区国家文化公园的建设,需要结合总体规划、地方规划和地区特点来进行具体建设,其建设项目的种类、表现形式、内容等都需要因地制宜。所以,国家文化公园建设项目中的投融资决策,要加强对国家文化公园建设规划的全面了解,注重分析建设项目的定位和特点,更重要的是,要对建设项目进行充分、具体的调研,以便于在投融资设计中规划科学、合理的业态比例,合理估算成本与利润,制定精准的财务预算方案,编制与建设项目相匹配的投融资规划,从而为后面的投融资管理的顺利执行提供稳定支撑。

(二) 确立投融资运行模式

要在对国家文化公园建设项目充分了解的基础上,结合经济发展趋势和国家文化发展战略,按照国家文化公园建设项目的需求制定如政府专项债券、城投公司投资建设、政府与社会资本合作、特许经营模式、整体授权经营模式、生态环境导向开发模式等投融资运作模式,确保国家文化公园开发项目能得到稳定、有效的金融支持。

(三) 确立投融资实施机制

国家文化公园具有体量巨大、建设周期长、涉及区域众多等特点,因此在国家文化公园投融资实施时应该做到两点:一是滚动开发。通过对国家文化公园建设项目基本情况的研究,在投融资管理中策划好各项流程的有效衔接,在不影响国家文化公园建设进展与效果的情况下制定回报最高的投融资方案,采取滚动开发机制,在保证投入资金迅速回笼的同时为下一阶段的项目进行资金沉淀;二是合作开发。采取多部门、多主体合作开发的模式,在国家文化公园投融资的过程中整合各类资源,制定联动方案。

(四) 制定投融资实施方案

在制定国家文化公园投融资实施方案时,要对各项工作进行具体化。针对项目背景、总体目标、建设费用估算、项目融资方式、融资能力分析、投融资管理条款、投融资风控管理、团队管理、执行流程等进行详细规划,编制合理的实施方案,以打造完整可持续的资金链,防止在后面的工作中出现开发不足、资金短缺的情况。

三、国家文化公园投融资策略

(一) 推动各项建设项目的实施

建立国家文化公园重大项目建设库,完善项目储备、更新机制,并及时进行动态调整。优化国家文化公园建设项目的立项、规划、报建、审批等相关程序,提高效率。加强国家文化公园建设项目的向上对接,推动更多项目进入国家安排,争取在财税、金融、投资等方面获得更多政策支持。统筹做好重大政府投资项目的财政资金保障,优先支持规划的主体功能区、重大工程和重点项目建设,将条件成熟的项目纳入年度预算安排,将符合条件的项目纳入年度重大项目投资计划,加大投融资的扶持力度。

(二) 对政府资金进行合理的统筹规划

统筹利用省级各类专项资金,支持国家文化公园建设保护。省各有关部门按照职能分工,根据中央和省委精神、"十四五"规划和国家文化公园专项规划等的要求,研究、制定具体可行的扶持政策和举措,积极支持国家文化公园建设。地方各级财政综合运用相关资金渠道,积极完善支持政策。支持各地在省下达的新增政府债务限额内,申请发行符合条件的国家文化公园专项债券项目。加强地方政府债务管理和金融监管,减少新增地方政府债务负担,注重规避重大风险。各市统筹安排好自有财力和上级补助资金,鼓励社会资本参与,确保国家文化公园各项重大任务的落实。省、市、县国土空间规划编制和实施应当充分考虑国家文化公园建设需求,加强项目用地保障,加快建设用地审批服务。在文化遗产和生态空间双重保护的前提下,探索研究土地政策创新,更好地支撑文化资源保护传承利用,研究、建立生态综合补偿制度。

(三) 重视文化资源的挖掘与利用

在国家文化公园建设的过程中,要重视盘活存量文化资源。[1] 大运河、长城、黄河、长征、长江等经过长期的历史沉淀和文化旅游开发建设,已经拥有了相当规模的存量文化资源。应采取多种运作方式,盘活在历史发展过程中传承和积累下来的优秀文化遗产资源,加强文化的挖掘、阐释、转化、创新与再生,这样就能为国家文化公园建设筑牢文化资源基础,提高专业化运营管理水平,吸引更多的投融资主体来参与国家文化公园的建设项目。

---

[1] 周泓洋,王粟. 国家文化公园投融资机制研究 [J]. 文化月刊, 2022 (4): 130-133.

(四) 拓宽长期投融资的渠道

国家文化公园的建设项目具有投资回收周期长、建设规模庞大等特点，这样的投融资要注意解决投融资和回报不相匹配的矛盾。需要将投融资期限相应延长，实现与项目建设周期更好的匹配。同时应该积极拓宽国家文化公园长期投融资的渠道，这样既能为国家文化公园建设提供持久的资金支持，又能获得良好的收益回报。

第四节 中国国家文化公园建设实例分析

一、聊城大运河国家文化公园建设分析

(一) 聊城大运河国家文化公园建设原则

大运河国家文化公园的建设是一项复杂而又艰巨的系统性工程，需要各部门协同联动，需要社会各界齐心协力。因此，在聊城大运河国家文化公园建设过程中，我们必须明确建设的四点原则，全面考虑实际情况，以保证建设与实施的科学性、合理性和可行性。

1. 保护优先，强化传承

聊城段运河历史悠久，文化底蕴深厚，依托丰富的运河文化资源，逐步实施京杭大运河聊城段旅游开发项目，打造运河文化旅游隆起带，是聊城响应国家大运河文化带建设战略的重要举措。保护先行，应将最具民族、历史和人文价值的资源重点保护起来，使其成为全民族，乃至全人类共同的精神宝库，让后世能永久感悟其中蕴含的文化之美，这是国家文化公园的题中之意。在大运河国家文化公园的建设过程中，一定要妥善处理好保护与利用的关系，始终把文物保护放在第一位。坚守"共抓大保护、不搞大开发"的理念，确保文化遗产的真实性、完整性。抓住保护性开发的核心内涵，在不破坏其原始价值的基础上，侧重独特性的发掘，以保护为基础，以开发促保护，使其传承更有力量，发展更有厚度。

2. 文化引领，彰显特色

聊城文物古迹众多，文化旅游资源丰富，在大运河国家文化公园建设过程中，要注重发挥聊城的文化特色，充分挖掘运河文化内涵，以运河文化为引

领，依托聊城运河沿线的文化遗产和历史风貌，实现遗产保护与旅游开发的有机结合。同时，在开发的过程中，要重视保护和传承运河文化，对相关文物古迹实施系统性保护与保护性开发，在最大限度地保证其形态和精神内核"原汁原味"的基础上，建立聊城运河文化公园建设的地标性建筑，打造具有辨识度的运河文化公园标识。这能使历史文脉得到传承和延续，把无形的文化转化为有形的物质财富和经济效益，增强民众的文化归属感和认同感，让民众在历史的长河中感受文化的魅力和古人的智慧，也能使民众结合生活需求，进行融合与创新。

3. 科学规划，明确责任

要强化与国家、省发改委建设方案的对接，实行专事专办。一方面，邀请专家组成智囊团，经过考证和评估，给出专业性的建议。另一方面，组织专门职能部门和相关人员，推进聊城市大运河国家文化公园建设方案的具体实施。沿线县、市、区和相关部门，在具体实施的过程中，应合理分工，职责明确，灵活应对，以保证聊城市大运河文化公园建设的科学性与完整性，做到每个环节的责任落实与监督管理，建立终身责任制。严格落实《大运河遗产山东省聊城段保护规划》，加快实施大运河遗产保护、展示和环境整治工程；要区分轻重缓急，集中力量完成重要遗产点、段的保护、展示和利用工作，完整展现大运河遗产的历史风貌，保留遗产本体的历史信息和文化特色。

4. 因地制宜，分类保护

聊城运河文化遗产既包括河道、闸坝、钞关、码头、驿站等物质文化遗产，同时也涵盖曲艺舞蹈、传统技艺、工艺美术等各类非物质文化遗产。应根据不同类别遗产的特点，划分层次，对不同层级、不同性质的运河文化遗产，采取不同的保护和发展策略。对符合当地未来发展需要、有进一步开发价值的文化遗产，侧重挖掘其现实性意义。对具有可观赏性、不具备复产需要的文化遗产，着重拓宽其展示的方式和途径。要根据不同地区遗产分布和保护情况，制定出符合当地实际情况的保护规划和发展方案。在对运河物质文化遗产实行系统性、完整性保护的同时，深入挖掘和整理运河非物质文化遗产，为聊城段大运河国家文化公园建设筑牢基础，真正实现运河文化遗产的科学保护和合理利用。

(二) 聊城大运河国家文化公园建设路径

建设大运河国家文化公园是彰显中华文化自信和传承运河文化的创新性探索，对促进沿线区域经济社会发展具有重要意义。聊城市应以国家、省发改委相关文件为指导，以聊城运河沿线文物古迹和文化资源为内核。立足"河湖秀美大水城、宜居宜业新聊城"的城市定位，搞好规划设计，突出聊城运河文化特色，推进大运河聊城段遗产保护和旅游开发项目的建设与实施，打造运河文化遗产保护示范区和运河文化旅游隆起带，丰富聊城运河名城的内涵与底蕴，推动聊城实现转型升级和科学发展。具体来说，可以采取以下措施。

1. 健全法律法规，完善管理体制

政府是大运河国家文化公园的建设和管理主体，科学合理的政策法规和管理体制是保障大运河国家文化公园顺利建设的关键。聊城市相关部门要根据国家和省发改委相关文件要求，修改完善《大运河遗产山东聊城段保护规划》；沿运各县、市、区要结合当地实际，制定、修订配套法规与章程。各级有关部门要严格执行相关法律法规，加大对大运河国家文化公园建设相关工程的巡视和执法力度，对违反有关规定的行为要及时纠正，视情节轻重给予警告、罚款等处罚；造成重大损毁的，依法承担民事责任，涉嫌犯罪的，依法追究其刑事责任，切实为大运河国家文化公园建设提供坚实的法律保障。成立由市领导及相关部门主要负责同志任成员的聊城市大运河国家文化公园建设工作领导小组，全面负责公园的建设、管理和统筹协调工作。制定并实施《大运河国家文化公园（聊城段）建设保护规划》，并认真加以贯彻和落实。县、市、区级政府也要成立建设工作领导小组和相关管理机构，合理规划、精心打造一批富有地方特色的遗产保护工程和文化旅游项目。形成环环相扣、衔接紧密的管理体系，落实监管和维护工作，保障大运河国家文化公园的日常功能。建立政府引导、市场化运作的可持续运营管理机制，加强运河文化资源的整合提升，提高运河文化遗产保护和开发的整体水平。

2. 加强信息化建设，打造智能平台

保护和展示运河文化遗产是大运河国家文化公园的主要功能，要想对运河文化遗产进行全方位、数字化的展示，离不开现代信息技术的支持。要加强信息推动智慧旅游建设，逐步实现大运河会通河节制闸群、临清运河钞关等主要文化遗产点段的重点公共区域免费无线网络（WIFI）和第五代移动通信网络（5G）全覆盖。充分利用信息技术手段，扎实推进基础性数据的测算工作，搭建数字化管理与监测平台，对聊城运河文化遗产实施全方位的保护和管理。建立监测预警体系，提高处理突发事件的能力。学习国家级、省级相关文物展示平台建设的经验，做好相关对接工作，建设相关网站和数据整理平台。采用VR、AR等多媒体技术，对聊城运河文化遗产进行数字化展示。全面开展大运河代表性文化遗产资源的数字化信息收集与整合工作，做到类别明细，涵盖完整，实时更新。有效利用专题数据库和遗产监测预警体系，实现文化遗产信息资源数据共享，从而为大运河文化公园建设与研究提供数据支撑。

3. 完善智库系统，强化学术研究

大运河国家文化公园的建设涉及众多学科，离不开相关智库的智力支持。在聊城市委、市政府的统一安排与筹划下，集中聊城相关高校与科研机构的力量，成立专门的智库或研究中心，并逐步建立相关人才培养机制，吸引更多年轻学者投身于大运河文化建设事业，为大运河国家文化公园建设和后续工作不断注入新鲜血液，从而建立起长远发展的机制。加强对大运河国家文化公园理论和实践的研究，明晰其定位和目标，在对现状和问题进行充分调查研究的基础上，提出切实可行的路径和策略。充分发挥聊城大学运河学研究院等高校科研机构的作用，努力形成科研合力，从大运河国家文化公园建设的理念、路径、成效等诸多方面，提供有价值的意见和建议。在立足自身实际的同时，也要借鉴兄弟省、市的先进经验。通过定期举办研讨会、交流会等方式，吸收有益经验，使聊城段大运河国家文化公园建设与整个大运河国家文化公园建设相统一的同时，又确保特色突出。切实做好运河文化的保护、传承和利用工作，努力探索符合聊城实际的建设路径和发展模式。

4. 深入挖掘内涵，讲好运河故事

"大运河国家文化公园建设强调对运河文化内涵的挖掘和提炼，要将大运河文化遗产的精华及其人文生态环境在一个广阔的、相对固定的空间区域内完整保留下来，有效解决大运河保护与沿线地方、部门经济社会发展之间的矛盾"[①]。深入挖掘城市文化底蕴和内涵气质，实现自然环境、景区景观和历史文化的交互融合，彰显城市的灵气。把握大运河成功申遗、大运河文化带建设、大运河国家文化公园建设等重大机遇，深入发掘聊城运河文化遗产的内涵，全方位展示聊城大运河文化遗产的人文价值。充分挖掘聊城运河沿岸地区的水工文化、漕运文化、商业文化、钞关文化、民俗文化，使这些文化资源的潜力得以充分体现，形成完善、系统、丰富的运河文化资源库，为保护规划的编制及其他各项工作的开展打下坚实的基础。充分发挥传统传播媒介与新式传播媒介的作用，积极宣传大运河国家文化公园建设的重要意义和价值，增进公众对运河文化公园的了解和认识，在全社会营造浓厚的舆论氛围。通过出版聊城运河文化系列丛书、创立聊城运河文化研究会、建立聊城运河文化官方网站、组织聊城运河文化主题论坛与研讨会、出版《聊城运河年度发展报告》等方式，提升聊城运河文化的知名度和影响力，提升运河文化研究的广度和深度。进一步整理挖掘沿线的非物质文化遗产，重点发掘和保护民俗风情、故事传说、诗词歌赋等文学艺术作品，注重传统技艺的传承与创新，通过各种艺术

---

① 王健，王明德，孙煜. 推动大运河国家文化公园江苏段建设［J］. 群众，2019（10）：27-29.

展现形式，讲好聊城运河故事。

5. 推进河道整治，加强生态保护

运河河道是运河文化的重要载体，也是运河文化遗产保护的重中之重。针对聊城境内部分运河河道污染较为严重的问题，我们要加强生态空间管控，补齐生态环境短板。推进实施河道治理加固工程，加强自然河道保护和水污染防治，完善污水处理及配套管网等设施。积极推进南水北调配套设施工程、引黄配套工程，加强再生水和雨水等非常规水资源的开发利用，进一步提高城市水资源承载力。按照城市公园、郊野公园、湿地公园等建设模式，推进聊城生态湿地保护与修复，打造滨水自然生态景观。在保护运河文化遗产本体的同时，注意保护其所依托的自然和社会生态环境，提升水体环境的稳定性与融合度。着力做好会通河临清段、临清中洲古城、聊城东昌湖湿地、会通河阳谷段等运河文化生态保护区的保护，高标准推进运河环境整治工作。坚持注重自然、突出生态、加强保护的原则，努力实现人与自然和谐共生，水域生态环境的良性循环。

6. 健全交通网络，完善配套服务

旅游的通达性也是大运河国家文化公园建设过程中需要考虑的重要问题。应以聊城段运河为纽带，以东昌湖、徒骇河为主要节点，打造水上交通旅游线路，形成融交通、文化、体验、游憩于一体的旅游复合廊道。健全和完善旅游咨询中心、宾馆、酒店、博物馆、体育馆、图书馆、展览馆等配套服务设施。借助聊城高铁等基础设施的完善，规划自高铁站、火车站、汽车站直达大运河国家文化公园和相关景区的线路。同时，打造独具特色的步行、乘船与自驾线路，让游客通过不同的游览方式，拥有"远近高低各不同"的全方位视听感受。注重对绿色清洁能源的使用，实现资源的永续利用。健全标准化服务体系，提升旅游等相关服务行业从业人员的整体素质和服务水平。推出独具特色、不同层级的聊城段大运河国家文化公园宣传册和纪念品，保障物流运输的配套性，提升运河文化的辐射面和影响力。

7. 规划精品线路，推动文旅融合

大运河国家文化公园是一项系统性的文化展示和利用工程，与运河文化旅游关系密切。要按照古运河的流经路线，在现有"两城七镇"的基础上，开发精品旅游线路，结合当地相关特色农产品，建设不同风格的文化公园区域，打造运河经济带及城乡生态旅游综合体，将聊城建设成最具吸引力的运河文化旅游名城。征集具有地方特色的各类旅游产品设计，确定大运河国家文化公园的标识，策划系列文化主题活动，打造一批文旅示范区，培育一批有竞争力的文旅企业。扎实推进东昌湖旅游景区提升改造项目，临清中洲古城、景阳冈旅游景区综合提升工程，张秋古镇旅游综合开发项目等重点项目建设，做好临清鳌头矶、运河钞关等重大修缮保护项目建设工作，开发建设张秋、阿城、七级、李海务、梁水、魏湾、戴湾等运河特色小镇，切实打造特色鲜明、内涵丰富、具有较高层次和水平的运河文化遗产保护与利用的亮点工程，实现运河文化遗产与乡村振兴的能量交换与循环推动，从而让当地人民共享大运河国家文化公园建设的有益成果。

8. 专家学者调研，重视人才培养

大运河国家文化公园的建设需要专家学者进行实地的调研与规划，切实了解当地的基础情况，了解民众的需求。在此基础上，运用相关理论，进行深入分析，为政府决策提供科学的、符合实际的可行性建议、方案和保障措施，突出特色，丰满内容。为吸引更多的人才投入聊城段大运河国家文化公园建设工作中，可以率先在聊城大学的日常教学中，面向全校师生，开设相关课程，为大运河国家文化公园的建设储备人才，增强后劲和持续力。此外，在大运河国家文化公园的建设中，还要多学科的专家学者共同参与，以确保其从设计到实施的科学性、创新性。在日常维护与监管中，不仅需要有领导力、洞察力敏锐、思想灵活且执行力较强的管理者，而且还需要具备较高学识水平，善于利用新媒体对外进行传播宣传的人才。这无疑是一项贯穿大运河国家文化公园建设始终、保证大运河国家文化公园建设的核心推动力。

开展长城、大运河、长征三大国家文化公园建设，是我国文化建设和体制改革的一项重大创新，更是构建中国特色国家（文化）公园理论体系和话语体系的一次重要实践。"通过建设国家文化公园、打造文化展示区、串联文化线路，充分展示大运河文化的民族性、多样性、丰富性，围绕文化内涵系统构建主题明确、内涵清晰、脉络完整、功能完善的文化展示空间体系是一个重要的方向"。[①] 大运河国家文化公园建设工作不但在促进运河文化保护、传承方面有着不容忽视的作用，在实现生态保护与经济发展的协调统一方面也具有重要意义。大运河国家文化公园建设是一项系统而影响深远的国家重大战略，是符合时代发展需要与人民需要的一项新的重点工程，是推动运河文化惠及民众的重要举措。"道虽远，行则将至"，高度重视、大胆创新、严谨求证、踏实落实、管理维护、监督监管、宣传分享，环环相扣，每一环都是关键的一环。

聊城以"江北水城·运河古都"著称，文物古迹众多，文化资源丰富，具备开展大运河国家文化公园建设的先天条件。聊城市要紧紧抓住大运河国家文化公园建设这一重要历史机遇，结合自身实际，深入探索运河文化的内涵，

---

① 王健，彭安玉. 大运河国家文化公园建设的四大转换 [J]. 唯实，2019（12）：64-67.

全方位展示聊城运河文化遗产的自然与人文价值。在保护和传承聊城运河文化遗产的同时，着力推动文旅创新、产业融合，实现大运河国家文化公园建设与乡村振兴的巧妙结合与相互推动，使发展成果惠及更多的民众，让人民更加关注运河、了解运河文化。让运河流入人民的生活、流进人民的心中，提升运河文化在公众生活中的影响力，同时，也为运河文化的发展提供更为丰富的内涵，促进聊城运河文化在新时代得到更好的保护、传承和发展。通过建设大运河国家文化公园，搭建人与自然平等对话的平台，真正将大运河聊城段打造成为大运河文化保护、传承、利用示范区，使其成为具有全国，乃至世界影响力的文化亮点工程。

二、北京大运河国家文化公园生态化建设分析

（一）北京大运河国家文化公园建设的生态原则

1. 基于生态与文化多样性的原则

大运河沿线是生态多样性和文化多样性并存区域，历史上，为保障漕运，北京大运河河道经过长期治理，形成了以北运河主干线为纽带的向心型的河道水系，河湖纵横广布，水资源十分充裕，植被丰富，林木葱茏。优良的生态环境在运河沿线有充分反映，如通州"文昌阁十二景"中的"风行芦荡""平林烟树"，昌平有"安济春流"等历史景观。良好的生态条件也为各类动物提供了理想的栖息环境，运河沿线也成为体现动物多样性的重要区域，这反映在古代的生态景观当中，如顺义牛栏山有"平沙落雁"。除了生物景观，运河沿线也是文化多样性的承载区。自古以来，大运河就是南北方文化交流和国际交往的重要廊道，在北京大运河沿线区域荟萃了江南文化、齐鲁文化、燕赵文化、中原文化、荆楚文化、岭南文化等诸多文化元素，同时还有中国与东亚国家和欧洲国家交往的文化印记。作为线性廊道，大运河是生态多样性和文化多样性的叠加，多样性是大运河国家文化公园建设要遵循的重要原则。

2. 基于和谐共生的原则

大运河沿线区域是人文与生态叠加的廊道，生态是运河文化的本底，文化遗产则构成了文化斑块。水是重要的生态因子，运河在北京城市发展历史上发挥着巨大的生态调节和景观营造功能。运河水系既为北京城市发展提供了生活生产用水，也调节了城市气候，丰富了城市景观，为各类生物提供了栖居之地，也为城市居民休闲娱乐提供了场所。北京城就是依托运河而发展演变的，古代运河的漕运功能为北京城市繁荣发展提供了不竭动力，运河水系为北京城市建设提供了生态基础，可见，北京城与大运河是共生共荣的关系。因此，修

复北京大运河生态环境,全面还清运河水质,建设滨水休闲空间,打造水城共生、人水和谐的大运河生态文化示范区,应成为北京大运河国家文化公园建设的重要原则。

(二) 北京大运河国家文化公园建设的生态路径

1. 构建系统性的生态本底廊道

目前,北京大运河国家文化公园建设主要集中于运河现状河道,这是远远不够的。运河现状河道周边还有一些运河故道,有的退化为小型河流,有的退化为带状坑塘林地,这些运河故道可作为湿地公园加以利用。张家湾历来为运河重镇,如今偏离运河河道,应利用小盐河(北运河故道)打造北运河故道遗址公园,通过生态廊道导引作用,来阐释张家湾和大运河的关系,达到彰显运河文化的目的。地跨通州宋庄镇和顺义李桥镇的中坝河(古潮白河故道)应打造潮白河故道遗址公园,通过该生态廊道的导引作用,阐释潮白河与北运河的古今演变关系。此外,玉带河、通州潞城西集北运河故道、西海子公园内的通惠河故道等,均应加强利用,充分发挥其特有生态作用,展示大运河古今传承关系,促进运河文化的保护和利用。

温榆河、北运河横穿北京城北部、东部地区,呈现西北—东南走向,与北京本地的常年盛行风向高度重合,通过沿温榆河、北运河一系列生态公园建设,构建起一条穿越北京市多个城市建成区的一条生态走廊,通过水路相连和带状植被覆盖建立绿色隔离带,同时也搭建了一条畅通的城市风廊,有利于北京市主城区降低热岛效应,改善城市大气环境。

2. 打造大尺度主导性生态景观品牌

北京大运河国家文化公园要突出大运河生态的主导性生态景观,需要结合大运河生态发展历史挖掘并宣传"运河特色"生态品牌。自古以来,"运河柳"就是运河标志性的生态景观。古代为保障堤防,在大运河上一直实行"植柳固堤"制度,运河两岸遍植柳树,自通州至扬州绵延三千余里,景象恢宏,气势磅礴的"运河柳"成为历代文人所诵咏的对象。北运河是运河的主干线,也是北京大运河国家文化公园建设的主体段落,北京大运河国家文化公园要依托北运河生态廊道营造以"百里运河烟柳"为品牌的大尺度生态景观。

3. 打造大运河沿线串珠型生态"景观链"

北京大运河文化公园建设应依托运河水系所经过的城镇、郊区和乡村地区探索多样性景观设计策略。在运河所经城镇区域,生态景观营造应结合城镇的发展特点,借助微环境、微地形的处理方式,大量种植适宜的植被,营造舒适的、亲近自然的场所,避免城市花园式的改造。郊区和乡村区域可采用相对粗糙的大尺度营造，以达到顺应自然地形、地貌的特点。

历史往往寓于现实之中，在打造运河现代生态景观的过程中，虽然生态景观表现为全新的现代特点，但仍需要保留历史印记，还原历史语境，感受古今一体的完美融合。大运河线性遗产属性使得各类文化景观散布于生态廊道上，生态与文化重叠交织，如依托运河植被形成的历史文化景观有"柳荫龙舟""白河渔舟"，依托运河文化遗产形成的文化景观有"长桥映月""古塔凌云"等。通惠河朝阳段有大通公园、庆丰公园、高碑店平津上闸，八里桥古桥通州段石坝码头遗址等，串联起一道各具特色且极其富有人文内涵的生态景观展示链条。

4. 充分利用现代科技提升生态效应

随着社会经济的发展和科学技术的进步，人们对自身所依托的生产生活环境提出了更高的要求，城市风景园林规划愈加注重生态环境的改善和自我调节能力，城乡生态建设越来越重视科技手段的应用。大运河国家文化公园建设要高度重视生态节能型基础设施建设，当代社会已经是科技高度发达的时代，层出不穷的生态技术正在社会生活的各个方面得以被广泛地应用。大运河国家文化公园建设必须走技术创新之路，充分利用生态修复技术、清洁能源技术、垃圾无害化处理技术等，同时结合北京市海绵城市建设，提高雨水调蓄利用效率，充分发挥大运河国家文化公园生态涵养功能，提高大运河在生态环境方面的自我调节能力。科技也是展现大运河历史生态景观的重要手段，由于古今社会变迁的原因，运河沿线的一些生态景观难以在现实生活中展现，但是VR技术能够在虚拟环境中再现古代运河景观，这为复原古代运河水系变迁、漕运盛景和生态景观提供了可能。

4. 通过"生态+"策略全面彰显大运河生态效益

（1）"生态+考古"策略

北京大运河通州段是大运河国家文化公园建设的主体地段，拥有西汉路县故城、通州古城、张家湾古城等多个古城遗址。北京大运河国家文化公园建设应以此为基础，继续加强"考古+生态"的做法，结合张家湾古城、北运河故道几个重点区域分别划定考古区域，借鉴西汉路县古城遗址公园建设模式和经验，打造沿北运河系列的生态型"考古遗址公园"，突出"考古"和"生态"特色，发挥其科研、科普、文游、休闲等功能。

（2）"生态+文化解说"策略

大运河河道水系是大运河国家文化公园中的重要生态廊道，良好的水环境和优美的景观，能够为水生物和水鸟等提供理想的栖息地，是实现生物多样性的重要区域，拥有丰富的动物和植物资源，加上运河沿线密布各种历史文化遗产资源，这为各类大中小学教育提供了良好的野外实习环境和研学条件，因此，应借助大运河生态优势，充分发挥大运河国家文化公园的文化教育功能。

(3)"生态+文体休闲"策略

大运河沿线风景优美、空气清新，空间宽敞，适合发展各类休闲文化产业。如发展生态型运河非遗体验、书店、茶馆等文化休闲产业；利用绵延数十公里的运河长堤和便捷绿道系统，布置健身类场所，发展体育休闲产业。结合运河沿线的农田景观、农业种植园等，发展农业休闲产业。结合绿心大剧院和台湖演艺小镇，发展观赏体验型产业。

"生态+"策略为充分发挥大运河生态效益、经济效益和文化效益提供了各种可能，也是建设北京大运河国家文化公园的重要途径。

第三章 文化视角下的国家文化公园研究

国家文化公园是在中国语境下提出的一个特有概念,是一次重大的文化治理体系和文化话语体系创新。国家文化公园是我国在民族复兴、文化强国和旅游发展的背景下提出的新概念,是大型文化遗产保护的新模式和优秀文化展示的新方式,其与联合国教科文组织提出的"世界遗产"、美国等西方国家的"国家公园",我国建立的以自然保护区为主体的"国家公园"以及我国其他诸多类型的各级文化文物保护体系都有着本质上的不同。有必要从文化的角度,对国家文化公园进行系统的分析。

第一节 文化概述

一、文化的定义

文化从广义来说,指人类社会历史实践过程中所创造的物质财富和精神财富的总和。从狭义来说,指社会的意识形态,以及与之相适应的文化。这一定义概括性较强,似乎过于笼统。

二、文化的功能

(一) 知识传承功能

文化的功能之一就是传承知识,告诉和传授人们生产、生活以及社会交往中的常识和技能。从社会发展的角度而言,社会导向要以新的知识为动力,新的知识包括新的理论、科学、技术等依赖于文化上的发明和发现。

（二）价值引领功能

就社会成员而言，其只有价值一致，才会形成共同的认同，进而才会有共同的社会行为。人们在价值观上会有差异，但经文化的熏陶，必然会形成大体一致的观念。一般来说，被社会文化肯定的事物与行为，必定是社会绝大多数成员所追求的。而文化在价值导向中的功能主要包括塑造和传播理念、培育健康生活方式两个方面。一方面，文化的功能最重要的体现就是塑造和传播先进理念，这种先进理念能够引导和宣传一种主流意识和价值观念，能够传播社会发展的正能量。比如，生态文化是自然、文化和人相互协调、共生共融、共同发展的活动，应倡导健康、文明、和谐的生活方式，从而塑造和传播人与自然和谐相处，实现世界的和谐与发展的新理念。另一方面，文化的功能更应该体现在现实生活中，能够营造健康、和谐、向上、节俭、适度的风气和氛围，引导和培育人们文明、健康的生活方式。比如，生态文化可通过宣传教育式、启发式和体验式等多种教育活动模式，让人们体验自然、学习自然和关注自然，把生态理念推向社会，提升人们尊重及保护自然的意识，最终使其能实施一种文明健康的生活方式和消费行为。

（三）制度维护功能

文化是一份逐步积累的社会遗产，每一次社会改革和社会进步所取得的成果，都有赖于制度的规范、监督和保障。尤其是，文化在新制度建设过程中以及建成以后，起着协调整合作用，能维持新制度的秩序和稳定，体现先进思想、理念的实施和贯彻。

（四）社会整合功能

文化的导向功能推动社会进步，而整合功能则规范和维持社会秩序。整合功能使规范内化为个人的行为准则，进而将社会成员的行为纳入一定的轨道和模式，以维持一定的社会秩序。社会是一个多元结构的系统。一般来讲，社会的异质性愈强，分化的程度就愈高，多元结构愈复杂，功能整合的作用也就愈重要。一个复杂的多元社会，是由众多互相分离而又互相联结的部分和单位组成的，每一个部分和单位都具有自己的功能，但这种功能的发挥，必须和其他部分的功能联结起来才能实现，才能对整个社会的运行发挥作用，即所谓功能互补。由于统一文化的作用，社会结构成为一个协调的功能体系。文化整合功能是民族团结和社会秩序的基础。一个社会，如果缺乏整合必将四分五裂；一个民族，由于共享一种文化，不论他们是否居住在一起，或者是否生活在同样的社会制度之中,其都会有民族的认同感和在心理上、行为上存在一致性。①

第二节 建设国家文化公园,促进文化认同

一、打造文化时空场景

文化认同的培育是在一定的时空场景之中,通过个人文化身份建构与国家民族身份建构同频共振而完成的。与世界上其他以单一民族或宗教认同为基础的国家不同,我国幅员辽阔、历史悠久、文化多元一体,广阔的地理空间、悠久的历史时间、深厚的文化底蕴共同构成了一个宏大的时空场景,只有在这样的场景中跨越空间、跨越时间、体验文化,才能建立起对中华文化特质的深刻认识。国家文化公园在全国范围内大尺度、大范围、大跨度的时空纵横,构建起了一个宏大的国家文化空间体系,下一步要进一步将国家文化公园的文化时空场景化,通过文化时空场景的"国家性"表达,充分唤醒中华民族文化共同体认同。

"场景"是指具有某种符号意义的空间,涉及符号、价值观、消费、体验与生活方式等文化意涵。② 国家文化公园在建设管控保护区、主题展示区、文旅融合区、传统利用区等四类主体功能区的过程中,要尤其注重通过文化空间营造体现"国家性"和中华民族"多元一体"的文化时空场景。例如,在长城国家文化公园的建设中,要通过体现长城内外"茶马互市"等民族交融场景的营造,充分体悟农耕民族与游牧民族在中华民族形成过程中各自所扮演的重要角色。

二、实现国家文化公园的符号化

符号是一种高度凝练和抽象的某种特殊内涵、意义或价值的标识,是文化存在的呈现形式,是文化传播的媒介和桥梁。国家文化公园所蕴含的中华民族文化共同体价值具有深刻的内涵和很强的抽象性,必须通过符号化才能更好地进行呈现与传播。

---

① 李延超,刘雪杰. 都市生态体育文化的构建与运行 上海为例 [M]. 上海:上海人民出版社,2019:18.
② 钟晟. 文化共同体、文化认同与国家文化公园建设 [J]. 江汉论坛,2022 (3):139-144.

首先，长城、大运河、长征、黄河等国家文化公园本身便是重要的符号，要进一步突出和彰显其在中国和中华民族形成、发展、演变过程中的重要意义和价值，使之成为各民族共享的文化符号和中华民族精神的"象征符号"。

其次，在国家文化公园的建设过程中，要确立一些具有文化标志性的重要节点，例如，长城沿线的重要关隘和重点示范段，大运河沿线体现运河风情的历史文化名城、名镇、街区，长征沿线的重要历史节点纪念地和纪念物，黄河流域对中华文明形成、发展具有标志性意义的重要文物遗址和文化遗产等，通过标志性节点的"指示符号"强化对国家文化公园的认识。

最后，要创新转化长城、大运河、长征、黄河等国家文化公园的文化内涵，将文化融入现代生活、产业和科技，以创造出更多贴近生活、融入时代的生动活泼的中华文化符号。

三、建构起一套国家文化公园的叙事体系

长城、大运河、长征、黄河拥有丰富的文化内涵和叙事文本，如何面向全国各族人民和全世界人民讲好中国故事是国家文化公园建设的重要任务，也是重大挑战。通过国家文化公园讲好中国故事，不是简单地进行文化解说或宣传，而是建构起一套国家文化公园的叙事体系。国家文化公园的叙事化表达，尤其要注重"元叙事"，打造"叙事空间"，推动文明交流互鉴。

所谓"元叙事"，是指具有合法化功能的叙事，对一般性事物的总体叙事，是一种具有优先权的话语。国家文化公园作为国家性的象征，首要任务是通过大跨度、大范围、长线条的文化遗产讲好中华民族文化共同体的"元叙事"基础理论话语。同时，要推动国家文化公园的语言叙事和空间叙事的交融统一，打造"叙事空间"。国家文化公园同时具有时间性和空间性，它是一个国家文化空间体系的空间实体，也是具有历时性的内涵丰富的时空文本，这样就构造了一个"叙事空间"体系。要在国家文化公园的叙事空间中，促进对中华民族文化共同体的场所记忆和历史空间的交融统一，最大限度地实现文化叙事深入人心。最终，要通过具有中国价值的国际化、多元化表达方式，推动中华民族文化共同体认同在人类文明交流互鉴中不断得到强化。

四、加强文旅融合

文化身份认同在文旅融合的过程中扮演着关键角色，是文旅融合的内生动力和根本归宿。在文旅融合的时代背景下，坚持"以文塑旅，以旅彰文"，国家文化公园具有十分典型的文旅融合特征，其本身便是文旅融合的产物。在

《长城、大运河、长征国家文化公园建设方案》中,"文旅融合区"是其中四类主体功能区之一,"推进文旅融合工程"是其中五个关键领域实施的基础工程之一。推进文旅融合,培育中华民族文化共同体认同,构筑中华民族精神家园,是国家文化公园设立的初衷和应有之义。文化认同不会直接显现,在文旅融合的过程中是通过"体验"完成的。旅游过程中的文化认同体验是对自我身份的一种追问和确认的体验过程,是旅游体验的高级阶段。

旅游者以亲身体验全身心地融入国家文化公园所营造的时空场景之中,以"他者"的视角与历史对话、与遗产对话、与自我对话,主客交融沉浸于广阔的历史时空之中,方能够更好地理解"我是谁""从哪里来"等归属性问题,进而对自我文化身份和文化归属建立起深刻的文化自觉和文化认同。因而,丰富国家文化公园的文旅融合体验,培育中华民族文化共同体认同,一方面要营造广阔的宏观时空场景,通过大跨度、大范围的旅游线路,将国家文化公园的线性遗产进行旅游串联,这样才能在不同时空的场景转换和旅游体验中深刻领悟中华民族多元一体的特性,形成中华民族文化共同体认同理念。另一方面,在国家文化公园的微观尺度规划设计中,要在公园中划定文旅融合区,促进文化、旅游、科技、商业、体育、交通等相关业态融合创新,充分凸显旅游业的市场价值和商业价值,促进全民参与,在深度文旅体验中培育文化认同,繁荣文化旅游产业,反哺文化遗产保护事业可持续发展。同时,在文旅融合过程中,要将营造文化时空场景,确立文化价值符号,建构文化叙事体系,全面促进国家文化公园建设。

第三节 齐长城国家文化公园的文化内涵与时代价值

一、齐长城国家文化公园的文化内涵

长城是我国古代最伟大的军事防御工程,凝聚着我们祖先的血汗和智慧,是中华民族的象征和骄傲。作为中国长城体系的早期典型代表,齐长城与其后的秦长城及其他长城,经过两千多年的积淀,共同形成了独树一帜的长城文化。

(一) 展现了古代军事防御工程的成果

齐长城是基于农耕文明的防御意识与冷兵器时代的生产力水平之上,倾齐

国之力所修筑起来的规模巨大的军事防御工程。春秋战国时期，诸侯力战，齐国为防御鲁国、楚国及中原各国的军事入侵而建长城，体现了中国早期政权的疆域防御制度。除了齐国外，其他诸侯国以"备边境，完要塞，谨关梁，塞蹊径"为要务，纷纷在边境修筑长城，驻兵御敌，长城成为各诸侯国保卫疆土的重要防御设施。从功能上来看，各诸侯国修筑的长城可以分为两类：一类为"拒胡"，以防御北方游牧民族为主，如燕长城、赵北长城、秦昭王长城等；另一类为"互防"，以中原各国军事战争为主，如齐长城、楚长城、燕南长城、赵南长城、魏河西长城、魏河南长城、秦河西长城、中山国长城等。齐长城作为中国最古老的长城，为先秦时期各诸侯国兴建长城提供了重要借鉴经验，在中国长城史上具有不可替代的奠基地位。

齐长城横亘于齐鲁大地，集山地防御、河流防御和海洋防御于一体，形成了贯穿东西、全线连接的、完整齐备的长城防御体系。齐长城于春秋战国时期分期、分段逐渐修筑完成，最早的西段齐长城大约修筑于春秋晚期，利用古济水堤防再筑墙加固形成，史称"钜防"。战国中期，楚国北上，齐国南部形势紧张，在交通路口和关隘筑工事、建要塞的防御战术已经不能适应新出现的骑兵作战方式，于是产生了全线防御的战略思想。齐长城以关隘要素为据点，再借助两侧的城体本身和周边山地制高点，形成了点线结合、互为依托的整体防御体系。它将整个齐国的东南、正南、西南三个方向完整地圈了起来，成为齐国南部最重要的一道防线。

齐长城是一项充满智慧的军事防御工程，在选址布局、建筑材料和建筑技术等方面均体现了古人的聪明智慧。齐长城在修建过程中遵循"因地形，用制险塞"的理念，其选址与布局因势利险，或修建于山岭，或夯筑于平地，或以山险代墙；其建筑用材也是就地索取，根据所过之处地质的不同，灵活运用毛石干垒、土石混筑、土坯垒砌等修筑方法，巧妙地将关、烽火台、堡等建筑与山水地形结合在一起，这反映了古人因地制宜、尊重自然、利用自然、改造自然的思想，具有极高的建筑水平。

(二) 展示了中华民族坚韧自强、众志成城的精神价值

齐长城在漫长的历史演进中，逐渐衍化成坚韧不屈、自强不息的民族精神之象征，特别是革命战争年代，体现了保家卫国、守望和平、威武不屈、众志成城的精神内涵，对于中华民族的过去、现在和未来均具有无与伦比的精神象征意义。齐长城常选址于地势险要的崇山峻岭，其艰难困苦的修筑过程，体现了古代劳动人民勤劳勇敢、坚韧不拔、吃苦耐劳的精神特征。春秋战国时期，齐长城沿线就发生了480多场战役，如齐鲁长勺之战、晋之联军伐齐、齐魏马

陵之战等，齐长城对维护齐国长期和平统一的历史发挥了不可替代的作用。齐长城在秦朝统一之后逐渐失去了其在战略上的防御作用，但是历史上的齐长城一直硝烟弥漫。特别是革命战争年代，齐长城沿线成为我军抗日游击战和解放战争的重要战场，发生了很多可歌可泣的英雄故事，涌现出了无数顶天立地的英雄儿女。1921年，王尽美和邓恩铭等人发起创建济南共产党早期组织，在齐鲁大地播下了革命的火种。1938年，中国共产党领导人民在长清大峰山建立了革命根据地，孕育形成了"信仰如山、一心为民、不怕牺牲、勇往直前"的大峰山精神，为抗日战争、解放战争的胜利做出了重要贡献。此外，"县委书记的榜样"焦裕禄出生在齐长城脚下的博山区源泉镇，以及新时代的"林业英雄"孙建博、"人民楷模"朱彦夫等，他们身上都展现了艰苦创业、大公无私、全心全意为人民服务的时代精神，赋予了齐长城新的生命和价值。

（三）体现了齐鲁文化的兼收并蓄、多元一体性质

齐长城作为军事防御工程，不仅有力保卫了齐国的国家安全，还是齐国对外交流的重要纽带，塑造了齐国对外开放的传统格局。齐长城基本上位于齐鲁、齐莒等国的边界线上，齐长城两边有齐国、鲁国和其他诸侯国，分布有多种文化形态。齐长城连接着农耕文化、商业文化与海洋文化，是齐鲁文化的精华所在，是诸侯国之间商贸、文化交流的重要纽带，极大地促进了民族融合与文化交流。

齐长城是齐鲁大地开放、包容的文化象征。齐长城沿线的文化形态各具特色，以齐文化、鲁文化为主体，兼有其他诸侯国文化。齐长城沿线地区在发展过程中，通过多种方式，吸收和融合了大量的其他优秀文化，体现了兼收并蓄、多元一体的文化特质。特别是齐桓公"九合诸侯、一匡天下"时期，攘夷抚边，极大地加强了齐长城沿线地区的文化交流，促进了中华民族的融合。春秋战国时间，各诸侯国派遣使节和会盟是一种常态。齐长城沿线的盟会活动促进了齐鲁两国以外交礼仪为主的"礼"的交融，反映了齐文化、鲁文化的交汇和融合，如齐鲁夹谷会盟，孔子担任傧相主持了这次会盟，他成功地辅佐鲁定公在夹谷之会中争取到鲁国的利益。

齐长城繁荣了商贸文化，构筑了齐国与其他诸侯国的商贸秩序。齐国以工商立国，实行"通商工之业，便鱼盐之利"的政策，是先秦时代工商业最为发达的地区之一。由于齐国商贸繁荣，关税优惠，出现了"天下商贾归齐者若流水"的繁荣景象。齐长城沿线的关隘、驿站、市集等场所成为对外贸易的重要口岸，有力地保障了齐国对外开放的格局，促进了齐国与其他诸侯国的贸易交流。同时，齐国在与各国的贸易过程中充分利用齐长城关隘，控制商品

和货币的流通，特别是限制食盐私卖，规范了齐国与其他诸侯国的商贸秩序。在齐长城沿线一些重要关隘、驿站，齐鲁两国开通互市，齐国人学习鲁国先进的农耕技术，鲁国人从齐国人那里购买商品，商业文明与农业文明在齐长城沿线发生了碰撞。从某种程度上来说，齐鲁两国农商业的交流与融合对现代山东工商业的发展也起到了很大的促进作用。地处济南市莱芜区和庄镇的青石关由于地势险要，为齐鲁要冲咽喉之地，素有"齐鲁第一关"之称，也有"一夫当关，万夫莫开"之说。青石关不仅是齐长城著名的关隘，还是闻名遐迩的齐鲁古道，是南北商贸往来的必经之路，也吸引了众多文人墨客。

（四）是解锁春秋战国史的密码，是研究齐文化的资源

齐长城全面反映了春秋战国时期齐国政治、经济、军事、文化科学技术发达和繁荣的盛况，是齐文化研究的重要载体和外在表现形式，也是齐文化传承创新示范区的重要阵地。齐长城的修建伴随着各诸侯国的征伐、兼并，见证了齐国与其他诸侯国关系的复杂演变，反映了春秋战国时期齐鲁大地上的风云变迁。围绕着齐长城，发生了一系列威武壮烈的重大军事和政治事件，如长勺之战、夹谷会盟等。可以说，齐长城携带着大量春秋战国时代的文化信息，隐藏着进一步破解整部春秋战国史的珍贵密码。

齐长城是齐文化的典型代表。"齐长城是规模最大的齐国历史文化遗址，是齐文化现存的最大硬件。它是齐国独特的地理位置、山水形势、地缘政治、经济结构、军事战略、价值观念以及发达的科学技术的产物。"[①] 齐长城正是依托了齐国比较稳定的政治局势、相对独立的军事力量、丰富厚实的文化基础、得天独厚的地理条件、实践丰富的科学基础，才得以在齐鲁大地绵延千里、存续至今，使后人得以通过齐长城领略当年齐国作为"五霸之首""战国七雄"的风采。同时，齐长城也是齐鲁大地众多的物质文化遗产和非物质文化遗产于一体的大型实体，这充分证明，齐长城与齐文化的繁荣发展是相辅相成的。

二、齐长城国家文化公园的时代价值

齐长城文化内涵丰富，不仅具有丰富的历史意义和精神价值，体现了中华民族伟大的创造精神、奋斗精神和团结精神，而且具有深刻的时代价值，对于坚定中华民族文化自信，彰显中华优秀传统文化的持久影响力，实现中华民族

---

① 张华松．济南境内齐长城的历史地位及其旅游资源的保护与开发 [J]．山东教育学院学报，2004（2）：29．

的伟大复兴,都具有重要意义。

(一) 能展示国家形象,坚定文化自信

"文化自信是一个国家、一个民族发展中更基本、更深沉、更持久的力量。"[①] 国家文化公园作为文化符号,凝聚着中华民族的集体记忆与身份认同。国家文化公园不仅仅是一种新的遗产保护、利用、传承模式,更是建立中华文明重要标识、塑造国家形象、推动文化传播、坚定文化自信、构建国民身份认同的重大文化战略工程。齐长城是古代劳动人民伟大气魄和无限创造力的体现,是东夷文化和齐鲁文化凝聚而成的光彩耀目的智慧结晶。齐长城所蕴含的齐文化使齐鲁大地的文明史得以以物质形态的形式展现在世人的面前,反映了中华民族强大的生命力。建设齐长城国家文化公园,我们要向世界展示"世界最古老长城"的风采,不断提升长城文化的国家影响力,将其打造成为展现中华文化的亮丽名片;讲好齐长城故事,延续历史文脉,增强民族自豪感,坚定文化自信,为实现中华民族伟大复兴的中国梦凝聚精神力量。

(二) 能弘扬民族精神,激发爱国情怀

历史上,长城为中华民族克服艰难困苦、为中华民族生生不息凝聚起了强大的力量,成为中华民族的代表性符号和中华民族的精神象征。齐长城的修建体现了中国早期政权的疆域防御意识。同时,其艰难困苦的修筑过程,体现了古代劳动人民勤劳勇敢、吃苦耐劳的精神特征。革命战争年代,齐长城见证了齐鲁儿女抵御外敌、保家卫国的英勇壮举,体现了坚韧自强、威武不屈的民族精神和家国情怀。社会主义建设时期,齐长城脚下涌现出焦裕禄、孙建博、朱彦夫等劳模人物,他们身上展现了艰苦创业、全心全意为人民服务的时代精神。齐长城国家文化公园建设要以优秀传统文化为基础,融合红色文化和社会主义文化,成为民族精神永续传承的重要保障。

(三) 能促进乡村振兴,推动区域社会发展

齐长城穿越鲁中山区,过去由于交通闭塞,沿线经济发展较为落后。建立齐长城国家文化公园,利用齐长城文物和文化资源的外溢辐射效应,积极发展文化旅游,助力乡村振兴,推动区域经济社会发展。为此,齐长城国家文化公园在建设过程中,应以齐长城为轴带,通过整合齐长城沿线周边资源要素,深入挖掘齐长城文化内涵,积极发展乡村旅游、文化创意、康体运动、休闲度

---

① 习近平. 习近平谈治国理政(第2卷)[M]. 北京:外文出版社,2017:36.

假、红色旅游、研学旅行、特色生态等产品业态，推动沿线欠发达地区产业转型升级，实现村落保护、文化传承与乡村振兴协同发展，从而为建设文化旅游强省、经济强省注入新动能、新活力。

（四）能增进人民福祉，满足人民对美好生活的需求

齐长城国家文化公园在建设过程中应凸显全民公益性原则，通过开发丰富多彩的文化旅游产品，为人民群众提供亲近文化遗产、体验文化遗产、了解文化遗产以及作为国民福利的游憩机会，以增强人民群众的获得感、成就感，满足人民群众对美好生活的追求。

综上所述，长城是中华文明的象征，是典型的超大线性文化遗产。长城国家文化公园建设是一项复杂的系统工程。只有深入挖掘其历史文化内涵与时代价值，才能精准定位，保护好、传承好、利用好长城文化遗产，推动长城遗产的科学保护与合理利用，实现弘扬中华文化与坚定文化自信的目的。在新时代背景下，在建设齐长城国家文化公园的过程中，应以"全球视野、中国高度、时代眼光"，深挖长城文化内涵和时代价值，彰显地域文化特色，突出齐长城"世界最古老长城"的独特地位，讲好齐长城故事，传承齐长城精神，积极推进齐长城文化遗产科学保护与合理利用，通过多种形式让齐长城在齐鲁大地上"活"起来，使之成为民族精神永续传承的重要保障和彰显文化自信的重要载体，实践和探索长城国家文化公园建设的"山东模式"。

第四节　大运河文化价值与国家文化公园建设

一、大运河的文化价值解析

中国地域辽阔，物产丰盈，具有得天独厚的资源禀赋，然而古代中国由于南北交通不畅，这片广袤土地上的资源难以畅通流转。但是，先民们不断进行着检视自身、改造自身的探索，以顽强的意志、巨大的勇气和高超的技术手段打通了这块辽阔的地域，充分激活了广阔腹地内取之不尽、用之不竭的资源，使人、财、物等生产要素进行高效率流动，并在此过程中博采多种多样的文化，形成了独具特色的中华文明体系，使整个国家连接成一个紧实的整体。中国大运河是建立在国家治理和经济文化交流等层面上的大发掘、大开发、大融合，其内涵和意义丰富且深厚。并且，随着社会历史的发展，大运河文化的内

容、内涵和表现形式不断融合、扩展、延伸、创新，其发展和传播形态越来越显现出大型化、多样化、现代化、社会化和国际化的趋势。大运河文化具有多维度的价值，具体可阐述为以下几点。

(一) 有利于形成多元一体的国家格局

秦汉以来，中国维系着大一统状态，中国大运河在其中发挥的作用不容忽视。中国大运河的开凿，实现了不在一个水系的河道的沟通连接，促进了沿岸地区人民的往来交流，同时促进了商业的兴盛、经济的发达、政治的稳定，维系着国家统一。隋唐以来，随着政治中心东进北移，经济重心南移，中国大运河成为历朝统治者统御南北、总揽全国的重要纽带。中央政权因中国大运河与各地建立了更加紧密的联系，由此，中央和地方政权在政治、经济和文化上既能统筹行动又可发挥自身优势，使得全国形成一个共同体。

中国大运河因政治、军事和经济需要而开凿，更因通航、漕运而发达，是封建国家实施南粮北运、解决军队给养和充实国库的重要保障。[①] 纵观历史，贯通南北、沟通四方的中国大运河在历代王朝的国家治理中发挥了重要作用，把中国联结成了一个经济共同体、政治共同体和社会共同体，并且在共同的社会生活中，形成了文化共同体，进而从多层面塑造了多元一体的国家格局。

(二) 有利于形成天人合一的自然观

纵观中国的治水历史，可以归结为16个字：因势利导、合理改造、天人合一、和合共生。大运河连接起黄河、淮河、海河、长江、钱塘江五大水系，形成南北互通、东西相连、辐射全国的交通网。中国大运河是人工河道和自然河道相结合的成果，它的开凿和贯通借助了天然河道的自然基础，体现了人的智慧和能动性，客观上符合水资源利用的规律，展现了人类合理利用和改造自然环境的伟大智慧；中国大运河的开凿和贯通是尊重自然规律和科学规律，与大自然和合共生的成果，可谓人与自然的共同创造。

中国大运河是世界上唯一一条南北走向的大规模人工运河，沿线地形复杂多变，气候条件差异大，水资源分布不均，修建难度巨大，堪称农业文明技术条件下的杰作，是世界水利航运工程史上的伟大创造，体现了中国古代众多先进的水利思想，凝聚了水工技艺精华。例如，修建了涵盖闸、坝、堤、水库、桥梁等各种保障大运河正常运行的水工设施，创造了梯级船闸工程系统、南旺分水工程、黄淮海交汇的清口水利枢纽工程、航运安全工程系统、工程建设管

---

① 王永波. 运河文化的运动规律及其启示 [J]. 东南文化, 2002 (3): 64-69.

理系统等众多水利成就，并创造了跨越千年的国家漕运体系，这些都是中华民族前赴后继、勇于探索、不断积累的智慧成果。中国大运河积淀了中华民族数千年的科技文明和治水经验，承载着天人合一的文化内涵，缔造了天人合一的生态网络，是我国天人合一治水模式的典范，凝聚着历代运河建设者的治国理念和治理智慧，充分展现了中华民族勤劳勇敢、自强不息的精神品格，承载着与时俱进、传承创新的时代价值。

（三）有利于形成义利相辅的经济观

中国大运河是我国古代的经济命脉，大运河文化与黄河文化、长城文化、长征精神、长江文化相比，具有农业文明和商业文明的双重属性。中国大运河的贯通打破了地理局限，使我国南北交流更加便利，为中国大运河商业文明的形成奠定了现实基础。无数漕运官船，民间商船、货船和客船，在大运河纵横交错的水上交通网上往来各地，推动了南北物资交流。借助运河连通之利，城市间的商品贸易快速发展，并形成了立体的商业网络。明清时期，全国八大钞关中就有七个设置在中国大运河沿线。商业的发展进一步带动了城市扩张和人口增长，促进了中国手工业、娱乐业、服务业、加工业等的发展。

商业以逐利为目的，与西方以海洋文明为基础而产生的商业文化具有掠夺性和侵略性相比，大运河所滋生的商业观念是积极进取、义利相辅、富而知礼的。大运河沿岸区域是各地商人聚集之地，形成了众多商帮，其中徽商、晋商是典型代表。他们或在运河城市开设店铺从事经营活动，或以运河为枢纽，往来经商，为繁荣商品市场、构建商业秩序、丰富市民生活、带动地方经济、充裕国库做出了巨大贡献。例如，徽商作为当时重要的商业组织，以诚信为经商理念，通过同乡互助、修造会馆、扶危济困、投身公益、入仕为官等行为，参与各种文化活动和政治活动，实现了个人理想与家国信念的结合，也使徽商文化发展成为当时重要的商业文化，成为大运河文化的重要组成部分[①]。

（四）有利于形成绵延永续的发展观

水是生命延续和发展的象征，中华文明的故事也是从水讲起的，并形成了中华民族最早的历史文法，集天文、地文、水文、人文于一体。大运河作为中华民族主动与水的亲密合作、协作的工程，其善、其美、其重，嵌以中华文明

---

① 郑民德. 明清运河区域的徽商及其社会活动研究[J]. 中原文化研究，2020，8（3）：108-116.

智慧之浓墨重彩[①]。因水而成的江河湖海滋养、运载、延续着人类社会的生产方式和发展方式，成就了人的永续发展。水既是一种交通方式，承载着人与物的往来，也是一种联系方式，促进经济文化的沟通交流。

中国大运河因水而成，因水而兴，其形成和发展顺自然、利万物、润天下、兴邦国。正所谓"不废江河万古流"，历朝历代对运河的开凿、疏浚、整理，虽有中断，但延续至今。大运河展示着中华文化顽强不屈的生命力和横亘千古的延续性，并不断扩大、延伸、融合、创新、发展。中国大运河沟通南北，辐射四方，人员物资往来生生不息，经其运载的人和物不计其数，所产生的经济效益和社会效益难以估量。生活在运河边的人们一代又一代地繁衍传承，独具特色的运河文化相伴而生，与运河相关的风俗习惯、传统文化、思想观念流传至今。中国大运河在古代发挥着重要的漕运、灌溉作用，今日仍发挥着重要的输水供水、内河航运、防洪排涝、生态景观、文化旅游、休闲游憩等作用。

二、大运河文化在国家文化公园建设中的利用策略

大运河国家文化公园的建设需要对大运河文化的多维价值进行全面而深入的阐释，并且在建设实践中对大运河文化的创新性传承方式和创造性转化模式进行积极探索，在价值阐释、传播形式、传播载体、建设模式等方面多角度地进行深度挖掘，实现经济效益与社会效益的双赢，推动大运河国家文化公园的高质量建设。

（一）运用多元一体的国家观展现中华民族精神

中国大运河承载着政治、经济、文化、社会和生态文明等众多功能，自始至终服务于国家大局和民族团结，凝聚了深厚的情感关联、共同的文化观念和高度的价值认同，在促进南北沟通和城乡协调发展中发挥着不可替代的作用，体现了中国人民的共同理想和奋斗目标，是培养和抒发新时代爱国情怀的信念根基。国家文化公园是国家层面的重大文化工程，体现了中华民族追求统一、团结的坚定信念，承载着生生不息、传承永续、多元一体的厚重文化，集中展现了中华民族在国家发展进程中的伟大智慧、坚强决心、拼搏勇气和家国情怀，因此，建设大运河国家文化公园应在这些方面深入挖掘和合理呈现。

在大运河国家文化公园的建设、运营和使用过程中，要通过各种物质载

[①] 彭兆荣，李春霞. 运河体系中的水遗产［J］. 原生态民族文化学刊，2021，13（2）：59-67，154.

体、活动形式和展示传播方式,对锻造国家的大规模动员能力、塑造中华民族大一统国家观念、铸牢中华民族共同体意识、强化个人在国家中的秩序感、发扬集体主义精神、塑造民族性格、坚定民族自信等观念进行深入挖掘和生动呈现。同时,推动优秀传统文化传承发展,使中华民族宝贵精神绵延永续、伟大情怀深入人心,锻造新时代新发展形势下的国家观念、民族观念和社会观念。在深入阐释和生动展现中国大运河对推动多元一体国家格局形成和发展演进重要作用的高度上,增强人民群众在公共文化空间中的参与感、认同感和满足感。

(二)运用天人合一的自然观打造中国大运河绿色生态廊道

大运河国家文化公园的建设应将天人合一思想进行整体展示和体现,注重提升整体景观风貌,坚持用人与自然和谐共生的理念设计建设各类展示空间,推进特色文物和文化资源与大运河历史河道水系、自然生态系统、传统人文风貌进行统一展示。优化调整交通线路、慢行系统沿线业态布局和景观风貌,精致管理和维护沿河景观界面和具有文化意义的景观视廊,形成高品质、各具特色的河流廊道和城乡肌理。

大运河国家文化公园建设应推动各地以文化生态要素为核心,建设大运河标志性特色文化遗址公园、非遗展示园、自然生态公园、雕塑公园、郊野公园、中央公园、考古遗址公园等,突出历史文化和生态景观双重价值。科学配置和优化调度水资源,改善河道水系资源条件,推动恢复大运河通水通航,做好中国大运河沿岸国土绿化和水环境治理工作。加强中国大运河沿线生态环境保护修复,强化滨水生态空间互联互通,推进滨河防护林生态屏障建设,打造中国大运河绿色生态廊道。

(三)运用义利相辅的经济观形成一体化的大运河公共文化空间

中国大运河沿线8省(市)是京津冀协同发展、"一带一路"建设、长江三角洲区域一体化发展、长江经济带发展、黄河流域生态保护和高质量发展等重大国家战略的关联区域,以不足全国百分之十的土地,承载着全国约三分之一的人口,贡献了全国近一半的经济总量,整体发展水平较高,发展基础好且发展动力强劲。所以,大运河国家文化公园建设具有文化和经济上的双重优势,更有条件实现经济效益和社会效益的统一。大运河国家文化公园建设要重点发展大运河通航产业、文化创意产业、旅游产业、绿色产业、休闲健康产业等多种业态,深化产业融合。发展休闲新业态,以旅游休闲为主,不断拓展文化、农业、体育、健康、养老等休闲业态,满足人民不断增长的高品质休闲需求。

大运河国家文化公园着力打造一批富有运河文化底蕴的世界级旅游景区和度假区，运河文化特色鲜明的国家级休闲城市和街区，培育国家健康旅游示范区（基地、项目）和国家体育旅游示范基地。保护发展大运河中华老字号，大力发展"假日经济""夜间经济"，推出系列休闲精品项目和活动。大运河国家文化公园的建设应传承运河商业精神和商业理念，以义为先、义利相辅，既要追求经济效益，又要保证社会效益，落实其公益属性。推动大运河国家文化公园相关文化旅游产业的健康发展，形成可观的市场效益，又能满足人们不断发展的精神文化需求，形成集生态、旅游、商贸、文化、娱乐、休闲为一体的大运河公共文化空间。

(四) 运用绵延永续的发展观改善大运河区域民生

近年来，中国大运河沿线文旅融合、特色生态、数字科技等业态蓬勃发展，景观打造、河道整治、环境保护等工作成效突出，城乡建设品质持续提升，这为推进大运河国家文化公园建设保护工作奠定了坚实基础。中国大运河育人更惠民，大运河国家文化公园的建设，应与人民群众的生产生活和文化艺术活动深度融合、开放共享，建立共建、共治、共享的公共文化产品服务体系。

大运河国家文化公园要对大运河文物和非物质文化遗产进行活态传承和合理利用，维护大运河文化遗产的完整性和原真性。建立人河共生的文化空间、经济空间和自然生态空间，统筹兼顾沿线的生态环境，保障沿岸居民的生产生活，发展水上观光文旅与绿色航道交通，使大运河文化保护与提升城市品质、改善民生同频共振。

第五节 长江国家文化公园与荆楚文化大品牌打造

一、长江国家文化公园与荆楚文化品牌建设的必要性分析

(一) 荆楚文化是长江文化共同体形成的融合枢纽

长江文化是以长江及其支流为纽带，以长江流域为广阔发展腹地，所形成的横跨我国东中西部三大地理阶梯，具有超大时空体量的大河流域文化共同

体。李越、傅才武指出,"长江流域各省市因其相似的历时性与共域性,共同建构了具有拓扑群结构的长江文化共同体。"①

长江文化作为内涵广博的文化体系,荆楚文化是其重要组成部分。荆楚文化因楚国和楚人而得名,是周代至春秋战国时期在长江中游地区兴起的一种地域文化。

荆楚文化孕育于长江中游地区独特的自然地理和经济社会环境之中,沿着长江黄金水道与上游的巴蜀文化、下游的吴越文化有着广泛密切的文化交流,在漫长的历史发展进程中对长江文化共同体的形成起着关键性的融合交汇作用。同时,荆楚文化在中华文明形成的早期沿汉江水道与北方中原文化的联系十分紧密,以荆楚文化为代表的长江文明与北方中原黄河文明"江河互济"塑造了中华文明的宏伟气象,也进一步给长江文化共同体带来了丰富的文化养料。因此可以说,荆楚文化是长江文化共同体形成的融合枢纽。

(二) 荆楚文化的内涵是长江文化的精神特质典型

荆楚文化的形成与发展直接源于长江中游水文化的滋养和浸润。长江中游地区江河、湖沼、丘陵、山地等地形复杂、植被茂盛、淡水资源充沛,热量充足,在中华文明早期远离中原文化体系,具有丰富的生态多样性和文化多样性特征,逐渐形成了崇尚自然、富于浪漫想象、人与自然深度和谐的文化理念,孕育形成了荆楚文化的独特内涵。荆楚文化在漫长的发展演变过程中,不断融入以湖北为核心的"楚地"历史文化、哲学文化与文学文化,形成了独特的楚文化精神内涵。与北方政治色彩浓厚的中原文化相比,荆楚文化更显神奇、浪漫和华丽,呈现出了崇尚自然、崇火尚凤、天人合一、浪漫主义的表现形式。刘纪兴将其概括为五个方面:一是"筚路蓝缕"的创业精神;二是"抚夷属夏"的开放精神;三是"一鸣惊人"的创新精神;四是"深固难徙"的爱国精神;五是"止戈为武"的和合精神。②

荆楚文化的内涵与长江文化的精神特质深度吻合。一方面,荆楚文化受长江中游水热资源充沛的滋养,具有典型的长江水文明的特质。长江文明是水的文明,长江文明具有浪漫灵动、聪慧务实的特点,富于开放意识和开拓精神,这正是荆楚文化的集中体现。另一方面,荆楚文化所处的长江中游地区,是沟通长江上下游、黄河流域和长江流域的重要文化枢纽,战国时期楚国的疆域也

---

① 李越,傅才武. 长江文化共同体:一种基于文化拓扑的解释框架 [J]. 学习与实践,2022 (6):113-124.

② 刘纪兴. 荆楚文化的内涵及其创新特质简论 [J]. 政策,2007 (2):41-43.

一度扩展到整个长江中下游地区和部分淮河流域地区，荆楚文化在某种程度上也成为中国南方长江流域文化的集中代表。因此可以说，荆楚文化的内涵集中代表了长江文化的精神特质，建设长江国家文化公园的品牌符号，要尤其注重对荆楚文化内涵的挖掘与表现。

(三) 荆楚文化是建设长江国家文化公园品牌符号的重要动力

地域文化品牌承载着区域文化的精神品格和理想追求，是文化的经济价值与精神价值的双重凝聚。在现代传播过程中，地域文化品牌是一种高度凝练和抽象体现地域的价值理念、文化内涵、生活习俗、品质特征等，并且具有排他性的文化标识。长江国家文化公园是承载着长江文化保护、传承与弘扬的超级文化空间。因此，要注重打造长江文化的品牌符号，将其作为凝练长江文化精神、讲好长江文化故事、传播长江文化价值的核心载体，集中打造一批中华文化的重要标志。

荆楚文化具有很强的品牌符号性，不仅包含瑰丽独特的物质文化标识，如古楚国的漆器、玉器、青铜器，随州出土的曾侯乙编钟，荆州出土的虎座鸟架鼓，武汉黄鹤楼、古琴台等；也体现在一系列具有荆楚文化价值的精神文化标识中，如彰显"江汉朝宗于海"的开放胸怀，遵从"道法自然""上善若水"的人文境界，秉承"虽九死其犹未悔"的爱国情怀，坚守"筚路蓝缕，以启山林"的创业决心，内化"敢为天下先"的惊世气魄，继承"当惊世界殊"的雄心壮志等，这些都是体现长江文化吞吐古今、兼容天下、天人合一、锐意创新、敢于担当的文化符号。

因此，荆楚文化品牌集中代表了长江文化的物质形态和精神特质，是长江国家文化公园品牌符号建设的重要动力。在建设长江国家文化公园湖北示范区的过程中，要深刻认识传承弘扬长江中游荆楚文化核心价值的重要性，着力打造以荆楚文化为内核的品牌矩阵。

二、湖北打造荆楚文化大品牌的思路梳理

(一) 挖掘并彰显荆楚文化在长江文化中的重要价值

在建设长江国家文化公园背景下，湖北应充分发挥其在长江流域的生态、经济、文化多重体系中的战略枢纽作用，借助长江文明这一世界性文化传播符号，建设长江文明传承创新示范区，充分发挥文化软实力对于区域发展的"杠杆效应"，以此确立湖北在长江文化体系建设中的文化战略优势，增强发展话语权。

一是要充分挖掘荆楚文化的深层内涵，突出荆楚文化具有全国和国际影响力的文化标识，树立荆楚文化的农耕文化地标、青铜文化地标、三国文化地标、诗词文化地标、水利文化地标、革命文化地标等，谋划建设长江国家博物馆，提升荆楚文化在长江文化共同体中的标志性地位和显示度。

二是要善于联动长江中下游泛楚文化区域。在楚国八百年历史中，楚文化的影响力覆盖中国南方长江中下游，甚至淮河流域的大部分区域，某种程度上成为中国南方文化的代名词。湖北打造荆楚文化大品牌，就应把楚文化的文化元素进行全面整合，例如湖南湘楚文化、老庄道家文化、长江中下游青铜文化、徐州楚汉文化，形成中华文明的楚文化标识体系。

三是要引领构建长江流域文化交流平台，联合长江流域各省份举办长江文化旅游博览会，构建长江文化数字化平台，设立长江文明高等研究院，促进荆楚文化与巴蜀文化、吴越文化、黄河流域中原文化、珠江流域岭南文化的交流对话，促进长江文明与世界大河文明的交流对话，凝聚长江文化共同体和文明交流互鉴的价值共识。

（二）打造长江国际旅游品牌

长江中游城市群立足湖北、湖南、江西三省，山水相连、人文相亲，自古以来就有着紧密的文化联系，是传统意义上楚文化区的核心组成部分，这为长江中游三省文化一体化发展奠定了基础。近年来，长江中游地区的湖北、湖南、江西三省经济社会联系日益紧密，文旅融合一体化取得了显著进展。2021年3月，湖北省党政代表团先后赴江西、湖南交流考察，推动三省深化合作交流，完善常态长效交流合作机制，推进长江中游城市群协同发展。9月，长江中游三省协同推动高质量发展座谈会审核通过了《长江中游三省文化旅游深化合作方案》，联合成立湘鄂赣旅游合作发展联盟，共同打造长江国际旅游品牌。

从传统地域文化的底色来看，湖北荆楚文化、湖南湘楚文化、江西赣鄱文化，都可以归为楚文化的核心区域。如果用楚文化来构建长江中游三省的文化共同底色，则可以有效解决长江中游地区区域文化品牌特色不够明显之问题。湖北是长江中游地区的核心区域，武汉是长江中游城市群唯一的国家中心城市，在长江中游城市群中具有举足轻重的地位。因此，荆楚文化品牌塑造应立足历史时空视野，在面向更大的区域范围时，适时采用"楚文化"的品牌标识来凝聚长江中游区域文化品牌共识，以充分彰显湖北荆楚文化的品牌影响力。

建设国家文化公园，是党中央做出的重大决策部署，是推动新时代文化繁荣发展的重大文化战略工程，在此背景下，湖北在长江国家文化公园建设中应充分引领构建长江中游三省文化一体化发展。具体而言，一是以长江为轴，以汉江、湘江、赣江为延展，以鄱阳湖、洞庭湖两大淡水湖为载体，充分彰显长江文化尤其是楚文化所具有的"水文化"的灵动、浪漫、包容、创新的特质。二是加强跨区域文化战略合作，推进文化各领域的深层次互助，着眼大范围规划、大区域合作，促使长江中游三省的文化资源充分联动、文化产业相互协作，形成具有鲜明文化主题形象、文化产业集聚、文化旅游深度融合的文化区域。三是共同打造长江中游文化旅游线路，如长江中游青铜文化线路、中国禅宗祖庭文化线路、中国书院文化线路、中国道教文化线路、江南三大名楼文化线路、红色革命文化线路等，建设"长江中游文化旅游走廊"。

（三）实现湖北荆楚文化的创造性转化与创新性发展

荆楚文化内涵丰富，形态多样，既有历史文化，也有现代文化；既有地域文化，也有名人文化；既有民族宗教文化，也有红色革命文化。这些宝贵的物质与精神文化遗产需要充分结合时代特征、数字科技和市场需求进行创造性转化与创新性发展，依托湖北科教人才资源富集优势，促进"文化+科技""文化+商业""文化+金融""文化+旅游"深度融合，打造一系列体现荆楚文化的文艺精品力作、现代文化产品和文旅品牌项目。

一方面，要创新引领荆楚文化的"国潮"风尚。近年来在中华优秀传统文化的创新转化过程中，"国潮"审美与消费热潮值得深度关注。宗祖盼、刘欣雨指出，广义的"国潮""指一种中国文化基因在符号生产及消费领域的复兴潮流，呈现为一种精神风貌"[1]。在国潮风尚的引领下，对荆楚文化的表现要避免对文化的浅表化理解，而是要深入挖掘荆楚文化所蕴含的审美元素和精神价值，深层次展现荆楚文化所具备的美学神韵，这样才能更好地与现代潮流时尚和文化消费进行融合。

另一方面，促进荆楚文化与数字沉浸式体验技术相融合。对文化的认知和认同关键在于体验，荆楚文化的魅力和内涵更多需要通过体验才能得到充分体现。例如，随着数字体验技术的蓬勃发展，可以通过数字技术让典籍里的文字、博物馆里的文物得以再现和重生。对于荆楚文化体验的设计，要更多融入数字技术和沉浸式场景，通过元宇宙数字孪生、数字虚拟人等前沿技术对荆楚文物及其场景进行数字化重现，打造更多高质量的虚实交互、参与式、互动体验的荆楚文化数字文化产品和文化旅游项目。

---

[1] 宗祖盼，刘欣雨．"国潮"的消费认同与价值尺度［J］．深圳大学学报（人文社会科学版），2022（4）：56-63.

第四章 国家文化公园的管理视域解读

建立国家文化公园是传承和弘扬中华优秀传统文化、打造中华文化重要标志、增强国家文化软实力、建设社会主义文化强国的重要手段。我国国家文化公园在管理体制创新、资金机制探索和法律保障机制建立方面已取得了一定的成效，但仍存在管理机构缺乏稳定性、管理效率不高、协调机制不完善、法律法规不健全、人才队伍建设滞后等问题。建议通过优化管理体制机制，推动国家文化公园管理体制机制不断完善。[①]

第一节 国家文化公园管理理念解析

一、绿色引领管理理念

建立国家公园的首要目的，就是保护自然生态系统的原真性、完整性，始终突出对自然生态系统的严格保护、整体保护、系统保护，同时，也要兼顾服务社会、提供优质生态产品的功能。因此，在国家公园建设中要强化尊重自然、顺应自然的理念，始终坚持山水林田湖草沙冰生命共同体理念，加强生态系统保护，规范自然资源资产管理，推动绿色发展、永续发展、高质量发展。

二、依法管理理念

与传统自然保护地相比，国家公园更加突出生态保护第一、国家代表性、全民公益性，在自然资源保护利用和管理体制机制等方面提出了新的要求。然

---

① 吴丽云，邹统钎，王欣，阎芷歆，李颖，李艳. 国家文化公园管理体制机制建设成效分析[J]. 开发研究，2022（1）：10-19.

而在推进国家公园体制建设的过程中，许多创新性改革措施仍受到现行法规的制约。因此，通过专门立法确保国家公园基础制度创新得以落地十分必要，是实现用最严格制度最严密法治确保生态环境得到保护和践行国家公园理念不可或缺的重要保障。

三、全民共建理念

全民公益性是国家公园建设的根本，要坚持共建共享的建园理念。一方面要鼓励公众参与。充分调动全民参与保护生态的主动性、创造性和积极性，探索社区共管新模式，打造社会参与新机制，让群众在参与国家公园保护管理中共享国家公园建设红利，充分体现良好生态环境是最普惠的民生福祉。另一方面要实现全民共享。在为全民提供优质生态产品的同时，推动居民的高质量发展和高水平生活，实现人与自然和谐共生。

四、文化聚力理念

国家公园不仅拥有丰富的生物多样性、神奇独特的自然生态系统、壮美的自然景观，也在生态文化方面具有代表性和典型性，是生态文化教育基地和目的地，是展示人与自然和谐、民族团结进步的重要窗口。将国家公园打造成为生态文化品牌，通过国家公园积极传播生态文化，激发大众热爱自然、享受自然的热情，树立尊重自然、顺应自然、保护自然的理念，是彰显国家公园国家代表性、全民公益性和维护社会和谐稳定的重要手段。

五、智慧建园理念

建设智慧国家公园是我国打造国际一流国家公园的重要抓手。以智慧建园理念为导向，推进智能化、信息化建设，系统掌握生态系统结构和功能变化，对生态风险进行评估和预警，为科学制定对策提供依据。加强生态环境监测，健全"天空地一体化"监测网络体系，加强监测数据集成分析和综合应用，实现"一键式"标准化管理调度，提高管理效能，为全球生态文明建设贡献中国智慧。

第二节　国家文化公园管理体制研究

一、国家文化公园管理体制现状

按照国家相关要求，国家文化公园实施公园化管理，构建中央统筹、省负总责、分级管理、分段负责的工作格局，这是基于国家文化公园的特殊属性和功能定位做出的。具体来看，无论是国家层面还是省级层面，正在建设保护或规划建设保护的长城、大运河、长征、黄河、长江国家文化公园在组织管理体制机制建设方面均存在显著差异。

（一）国家层面施行专门机构管理之下的分头管理

中宣部牵头成立的国家文化公园建设工作领导小组是国家层面的总体工作机制，长城、大运河、长征、黄河、长江国家文化公园在国家文化公园建设工作领导小组的领导下开展工作，由各相关部门牵头具体落实。在2019年《大运河文化保护传承利用规划纲要》印发之初，国家发展改革委就报请国务院同意牵头成立了大运河文化保护传承利用工作省部际联席会议工作机制，负责统一指导和统筹协调规划纲要实施，审议重大政策、重大问题和年度工作安排，协调跨地区跨部门重大事项，督促检查重要工作落实情况，将这一统筹协调机制用到大运河国家文化公园建设保护过程中。长城、长征、长江等国家文化公园则成立了工作专班，建立了重点事项专题协商、工作协同和信息共享等相关制度，以此保障国家文化公园建设保护工作的进行。2020年底，国家文化公园建设工作领导小组办公室启动国家文化公园形象标志设计方案征集工作，这一工作的开展有效促进了国家文化公园品牌的整体建设。国家层面施行专门机构管理框架下的分头管理机制，确保了国家文化公园建设保护能够保障国家从顶层整体谋划和行使统一管理权，确保了国家文化公园建设保护能够自上而下顺畅推动。[①]

（二）省级层面施行分省统筹管理和省市协作机制

国家文化公园建设保护遵循省负总责的原则，以大运河国家文化公园为

---

① 刘敏. 国家文化公园管理体制机制研究［J］. 中国国情国力，2022（5）：54-58.

例，沿线八省（市）均成立了由党委、政府负责同志担任组长的工作领导小组，同时根据实际需要，各地方和有关部门建立了空间管控、通水通航、生态环境问题整治等分省专项工作机制。长城河北段、大运河江苏段、长征贵州段是已经确立的国家文化公园的重点建设区，在国家文化公园管理体制机制建设探索方面走在前列，取得了一些成效。

1. 长城河北段。河北省自长城国家文化公园建设以来，充分发挥河北省国家文化公园建设工作领导小组及领导小组办公室（常设在省文化和旅游厅）统筹协调作用，坚持日常工作统一领导、统筹谋划、整体推进，设立工作专班，并健全完善工作运行保障制度、重点项目库建设与管理办法和专家咨询委员会工作规则等。长城沿线各市分别组建市级领导小组及相应机构，形成了全省"一盘棋"的工作体系，保障了省市联动和高效运转。

2. 大运河江苏段。江苏省搭建了由省委书记任组长，省长、常务副省长、宣传部部长、分管副省长任副组长，省直相关部门和相关设区的市主要负责同志任成员的大运河文化带建设工作领导小组，领导小组办公室设在省委宣传部，并成立了由省社科院负责管理运作的大运河文化带建设研究院。省政府设立首期规模200亿元的大运河文化旅游发展基金。2020年1月1日，全国首部大运河文化带建设地方性法规《江苏省人民代表大会常务委员会关于促进大运河文化带建设的决定》正式施行。

3. 长征贵州段。贵州省成立了以省委书记任组长，省长及有关省领导任副组长的长征国家文化公园建设工作领导小组，领导小组办公室设在省委宣传部，省委常委、宣传部长任办公室主任，并成立工作专班，建立了规划指导、内容建设、工程实施、数字在线、政策支持、资金保障"六大板块"工作机制，加强省级规范指导和工作落地实施。经法定程序，《贵州省长征国家文化公园条例》已于2021年7月1日起正式施行，这是我国长征国家文化公园的首部地方性法规。

总体来看，国家文化公园重点建设区长城河北段、大运河江苏段、长征贵州段均成立了建设工作领导小组及领导小组办公室，但领导小组的构成有所差异，突出表现为，长城河北段领导小组办公室设在文化和旅游部门，运河江苏段、长征贵州段领导小组办公室均设在宣传部门，这是在与国家部门分工对应的基础上根据省级职能和实际分工决定的。从创新管理体制机制看，主要体现在资金政策和立法两个方面，江苏省政府设立了大运河文化旅游发展基金，可以有效撬动大运河江苏段重点工程和标志性项目落地；大运河江苏段、长征贵州段均完成了地方立法，将国家文化公园建设保护条例化，确保了各项建设工作有据可循。

(三) 多层级施行功能类型组合式匹配运行机制

国家鼓励各个国家文化公园在建设保护过程中要坚持建设与管理运行并重，鼓励各地结合实际情况制定相关政策。鉴于国家文化公园建设保护功能区类型的划分，国家引导大运河、长征、长城国家文化公园匹配差异化的机制，推动创新和发展。同时，国家和各省（自治区、直辖市）鼓励建立健全政府部门、文旅企业、文博机构、社会组织和社会公众等参与国家文化公园建设保护的长效机制，鼓励通过兴办实体、提供服务、资助项目、捐赠物资等方式，推动社会资本参与国家文化公园建设保护。目前，这些机制建设还处于积极探索期。

(四) 当前存在的问题

结合国家文化公园建设保护基础和进展情况，当前国家文化公园在管理体制机制上主要存在三个方面的突出问题。

1. 从国家层面看，国家文化公园建设保护的组织管理模式存在较为显著的差异，协调机制不完善。大运河国家文化公园纳入了已有的大运河文化保护传承利用工作省部际联席会议工作机制，而长城、长征等国家文化公园均没有建立专门的省部际协调机制。黄河、长江国家文化公园虽然与黄河流域生态保护和高质量发展、长江经济带发展两个国家区域重大战略密切相关，但在协调机制建设方面尚属于弱项或缺项，各地各自为政同质化开发的现象还比较突出。

2. 由于国家文化公园涉及建设内容繁多、保护形态多样，从小尺度空间范围看，所含遗址遗迹、旅游景区、自然保护区等均有既定微观尺度的管理和运营机制，加之各项空间功能管控要求和不同部门权属，加大了国家文化公园标准化管理和统筹协调的难度。

3. 在立法层面上，大运河、长征国家文化公园重点建设区已经颁布了省级地方性法规，黄河、长城、长江国家文化公园建设尚没有地方性法规颁布，国家层面的规制立法推进较慢。立法的推进可以将国家文化公园从侧重遗产保护提升为全局全区域的综合保护，为国家文化公园的整体性建设提供法律保障。

二、我国国家文化公园的管理体制建设路径

(一) 建立分类科学的国家文化遗产保护体系

经过几十年的探索，我国已经形成了包括文物保护单位、风景名胜区、考古遗址公园、文化生态保护试验区等近十种不同类型的文化遗产体系，不同的文化遗产保护制度发挥着独特的功能，但这种以资源分类为核心的文化遗产体系仍然存在管理主体不统一、管理体系重叠等问题。因此，在国家文化公园的建立过程中，必须解决的前设性问题是理顺国家文化公园与既有的文化遗产保护体系之间的逻辑与关系。

国家文化公园应该不局限于目前的长城、大运河、长征和黄河等主题，要从完整性和系统性的角度，将"遗产要素导向型"的分头保护转变为"管理目标导向型"的统一保护，以国家重大文化遗产为主体，建立分类科学、保护有力的国家文化公园保护体系。国家文化公园所拥有的遗产资源不局限于一种遗产类型，所涵盖的地域也产生了多样的历史文化。因此，以国家文化公园为主体的文化遗产体系应从横纵两个维度进行划分。一是强调"以文化完整性为中心"的横向思维。以《长城、大运河、长征国家文化公园建设方案》提出的具有突出意义、重要影响、重大主题为遴选标准，结合国土空间规划，依托具有历史关联性、地域文化共同性或相似性的重大历史文化遗产，规划建设一批国家文化公园。同样，也可依此思路在同一文化公园中划定不同的文化单元，为分区管控与利用奠定基础。二是强调"以管理专业化为中心"的纵向思维。根据管理目标和国际经验，以保持文化遗产原真性、完整性为原则，整合国家重大文化遗产，按照遗产价值、文化代表性及保护强度划定遗产地类型和级别，对同一公园不同类别的文化遗产地采取各具特色的保护利用措施和监督管理机制。

相应地，以国家重大文化遗产为依托的国家文化公园保护体系需要借助政策、制度和标准规范等形式加以体现，避免出现挂牌单位"挂空挡"的现象。重点关注遗产保护地区域交叉、空间重叠等问题，制定重大文化遗产整合归并办法，优化边界范围和功能分区，突破传统保护观念，从提高国家文化自信、彰显中华文明的高度来看待国家文化公园的建设。

(二) 构建统一高效的国家重大文化遗产管理体制

《长城、大运河、长征国家文化公园建设方案》指出要构建中央统筹、省负总责、分级管理、分段负责的工作格局，基本确定了国家文化公园的建设管

理是一种中央统筹与地方分权相结合的管理模式。以行政区划为单位的管理逻辑普遍存在内部统一化、整体碎片化的"孤岛式"管理问题。因此，在国家层面，需要做好顶层设计，提出国家文化公园建立、晋（降）级、调整和退出规则，制定以遗产保护和遗产价值阐释为核心的考核评估指标体系和办法。同时，理顺现有各类遗产保护地的管理职能，构建统一的监督管理体制，实行全过程统一管理。在各省、市级层面，分级行使国家文化公园管理职责，负责文化遗产保护和公共服务功能的发挥，分类分区制定管理规范。对于线性历史文化遗产，如长城、长征、大运河等，设立跨区域专项管理委员会，改革行政管理体制，制订规范标准，着重关注跨区域的协调管理，保证遗产保护的完整性与有效性。

在资金保障机制方面，由财政依赖制向多元投入机制转变。目前，国家文物保护单位的资金主要源于中央财政经费，这部分经费在文物事业资金中的占比较高。国家文化公园的资金保障机制可借鉴欧美等国经验，发起非营利的"去国家化"改革，通过产权售让、单位自治、代理、契约、志愿者等方式实现经费来源多元化，激发市场主体活力，突破政府与市场相机抉择悖论，推动政府角色由主导、主持向协调、监管转变。

在保护对象方面，从"物态遗产"向"动态遗产""活态遗产"拓展。国家文化公园的建设与管理应突出把"遗产和人一起保护起来"的完整性保护理念，借鉴生态博物馆与文化生态保护区模式，强调"见人见物见生活"，即保护非物质文化遗产传承人和受众，保护自然物、文化物、时间空间物，让遗产融入生活，在生活中存续、在生活中发展、在生活中让民众受益。

（三）构建多元主体参与的可持续利用机制

我国遗产管理领域产生矛盾的最基本的原因是没有将遗产的保护和保存"放在第一位""为前提""为根本"。长期以来，地方政府往往将文化遗产地视为地方经济发展的推动力，通过旅游景区开发的方式经营管理文化遗产资源，而旅游经营者常采用竭泽而渔的方式对遗产资源进行掠夺性开发。因此，以活态传承文化遗产为核心，以实现文化遗产完整性保护与差异化利用为目标的分区管控体制不失为一种有效的破解之道。而在现实中，这一为国内外自然生态系统所普遍采用的保护利用方式，在我国文化遗产管理实践中尚不多见。

空间规划与功能分区被越来越多地用来指导和约束不可移动文化遗产的保护、管理和利用，是国家文化公园发展战略与具体运营计划的衔接点。具体而言，在空间规划时，国家文化公园的建设目标要关注遗产地文化生态环境的保护和利用，根据遗产资源的不可替代性程度和人类活动强度来划分功能区，最大化地体现国家文化公园的多重价值和功能。基于《方案》提出重点建设的四类主体功能区，结合土地产权理论，提出差异化的分区管理体制。一是管控保护区，主要承担资源保护和科研功能。该功能区的土地所有权、管理权、经营权均应划归国家所有，由政府财政拨款支撑，以实现对文物本体及环境的严格保护与管控。二是主题展示区，以国家、省、市、县级文物资源为主体，主要承担参观游览、文化体验和科学研究等功能。在该功能区内应建立以财政投入为主的多元化资金保障机制，恪守保护性，突出公益性；并采用特许经营方式，严格限定经营活动的空间范围和业务范围，将管理权与经营权分离，实现资源与资本的优化组合。三是文旅融合区，以文化教育、旅游休闲为主要功能，采取主题展示区与文化产业园区相结合的方式，将历史文化资源与自然生态环境相结合，创造性地转化为文化创意产业，让文化遗产重返人民生活。四是传统利用区，主要发挥旅游休闲、公共服务等功能。该区域通常具有人口稠密、土地权属复杂的特点，可在坚持遗产保护与传承的原则下，通过集体保留土地所有权、管理权划归国家的方式，减轻财政压力，缓解社区冲突。同时，应注重整体规划，根据地方资源禀赋，发展生态旅游、红色旅游和乡村旅游，积极开发具有教育性、体验性的休闲项目，构建国家文化公园品牌体系。

(四) 完善多方位体系建设

1. 运行管理体系。以试点问题为导向，不断完善管理体制，理顺管理运行机制。要在合理设置国家公园管理机构的基础上，根据《总体方案》《指导意见》等政策要求，结合各地实际情况制定国家公园管理机构情况，进一步明确国家公园管理机构和地方政府的职能职责边界。通过联席会议制度等工作协调机制，进一步强化跨省国家公园管理机构之间、管理机构与地方政府之间的沟通衔接，协调解决各方关切的问题。

2. 法规政策体系。在国家层面上，加快推进《国家公园法》《自然保护地法》等相关法规的制定和出台。各地要结合自身实际，认真落实国家出台的各项法规，抓紧制定相关条例、管理办法及实施细则；针对自然资源产权激励、生态管护员配备、产业扶持、生态补偿等重点工作，制定具有针对性的管理政策，为国家公园建设管理创造良好法治环境。同时，健全完善规划体系，高度重视标准规范体系建设。

3. 资源管理体系。以绿水青山就是金山银山理念为指导，编制自然资源资产清单，制定生态产品目录，建立健全生态产品价值实现机制。发挥国家公园品牌价值，深入挖掘生态产品价值潜力，有序开展特许经营，推进生态产业化、产业生态化。完善生态环境监测制度，制定监督办法和相关技术标准，优化生态监测网络布局，构建生态监测网络平台和自然资源基础数据库、统计分析平台，强化监测数据集成分析和综合利用，为国家公园管理决策、成效评估提供依据。建立自然资本评估与考核制度，深入开展调查，准确掌握自然资源状况，建立评估和考核指标体系，为国家公园自然资源资产管理提供基础支撑。

4. 共建共享体系。国家公园辐射社区，是国家公园坚持全民公益性、实现共建共治的主战场。针对传统自然保护地高成本的治理缺陷，低成本的社区治理已经在一定程度上成为改善我国国有自然资源管理的潜在方案。因此，要积极构建全社会共同参与国家公园建设的良好局面，引导当地社区参与国家公园建设管理，形成政府主导、社区协调、群众参与的社区共管体系，鼓励社区群众参与巡护监测、生物多样性调查和开展生态体验、自然教育、特许经营等工作，使其成为生态保护的有效主体。

5. 科技支撑体系。国家公园和各类自然保护地在生态演变机理、保护修复技术、系统监测评估、智慧运行管理、资源科学利用、人类影响评价、可持续发展等方面，对科技支撑有着巨大的需求。要充分发挥国家和各地业已搭建起的国家公园科技创新平台的作用，不断深化与高等院校和科研机构的合作，构建起多方参与、门类齐全、学研互动、应用便利的科技支撑体系，积极推进相关课题研究，为国家公园建设管理提供紧密服务。

6. 合作交流体系。通过国内外广泛的交流合作，既可以展现我国国家公园与时俱进的崭新风貌，也是借鉴国际先进经验的有效途径。要推动形成国内广泛参与、国外积极推介和区域有效联动的合作交流体系，举办好国家公园论坛，积极推动与国际接轨，主动参与国内外行业交流与学术活动。积极融入"一带一路"建设，加强与沿线国家和地区的自然保护地交流合作。

7. 文明传播体系。着力构建媒体牵引、平台支撑、形象展现、立体的宣传教育体系，建立中央媒体、主流媒体和地方媒体的协作关系。积极依托网站、微信等新媒体平台开展宣传推介，利用影视作品进行传播。充分发挥宣教、游客中心及管护站等基础设施的功能，广泛传播人与自然和谐共生的生态文明理念。加快建设国家公园生态体验和自然教育体系，将国家公园生态文化融入传统文化及节庆活动中，推进美丽体验与社区发展相融合。[1]

（五）优化国家文化公园管理体制机制

1. 优化组织管理机制

国家文化公园建设保护是"十四五"时期我国文化建设的标志性工程和

---

[1] 李晓南. 对我国国家公园管理理念与体系建设的思考 [J]. 攀登，2022（6）：99-103.

文化强国建设的重要支撑，要深刻认识建立国家文化公园的重要意义，把思想认识和行动统一到党中央、国务院重要决策部署上来，切实加强国家文化公园建设工作领导小组的统一指导，由国家文化公园建设工作领导小组办公室组织开展日常工作，落实好工作专班制度，强化顶层设计、跨区域统筹协调，在建设内容、政策体系、规划体系等多个方面进行综合把控和指导，在政策、资金等方面为地方创造条件，发挥部门职能优势，整合资源形成合力，适时推动国家文化公园立法。要明晰国家和地方在国家文化公园建设中的角色定位，理顺"自上而下"和"属地化"并存的管理体制机制，各省（自治区、直辖市）依托核心展示园设立国家文化公园管理区，省级党委和政府承担主体责任，加强资源整合和统筹配置，促进管控保护、主题展示、文旅融合、传统利用四类主体功能区联动，结合河长制、湖长制组织体系，落实分级分段管理，承上启下开展国家文化公园建设保护工作。

2. 优化协调联合机制

充分发挥大运河文化保护传承利用省部际联席会议机制作用，并以此为基础和样板，在国家文化公园建设工作领导小组框架下完善国家文化公园省部际联席会议机制，明确责任主体，细化任务分工，研究审议各省（自治区、直辖市）国家文化公园建设保护规划、年度工作任务和总结、其他事项等，指导做好重大任务、重大工程、重大措施的组织实施，协调解决跨地区、跨部门的重大问题，构建中央统筹、省负总责、分级管理、分段负责的国家文化公园建设工作格局。统筹利用各部门资源，按照职能分工，强化政策支持的整体性、系统性、协同性、可持续性，发挥宏观政策综合效应，及时解决地方推进国家文化公园建设保护工作中存在的突出问题。妥善处理国家文化公园与国家公园、国家级自然保护区、风景名胜区、地质公园、森林公园等空间规划边界的融合错位，兼顾旅游景区发展规划等，合理避让现有油气资源勘探开发区等。

3. 优化资金支持机制

中央财政应统筹利用现有资金渠道，大力支持国家文化公园文化遗产保护传承、生态环境保护修复、文化和旅游融合发展等领域的重大任务和重点项目。推广江苏省经验做法，探索设立国家文化公园建设保护基金。加强资金来源管理，明确资金类型配比和社会资本可进入范围并出台规范，鼓励和引导社会资本通过兴办实体、资助项目、提供服务、捐赠物资等方式参与国家文化公园建设保护，积极发挥社会组织在政府部门、市场主体、社会大众中的沟通作用，依法合规推动政府和社会资本合作。地方各级财政综合运用相关渠道，积极完善支持政策。鼓励各地积极探索引导性政策，注重资金补偿、实物补偿、财政转移支付、资源基金、门票收入、利润返还、政府向社会力量购买服务等多样化手段的组合使用，对于实际投资达到一定数额的企业，探索给予企业土地、税收、教育附加费返还等捆绑让利。

4. 优化多方参与机制

结合前期成果和基础，推动国家文化公园建设保护相关各行业管理系统、平台等逐步实现互联互通，推动跨部门跨层级信息共享，形成强大工作合力。围绕世界文化遗产、全国重点文物保护单位、国家历史文化名城和中国历史文化名镇名村、中国传统村落、国家级风景名胜区、国家工业遗产等建设管理，健全工作协同与信息共享机制。探索特许经营模式、公私合营模式（PPP）、非政府组织（NGO）参与模式、基础设施公募REITs等参与运营的可行性，建立准入方式、约束条件、激励政策等制度。依托院校、社会组织、企业等搭建志愿服务平台，开展常态化、机制化、多样化的志愿者服务。设立专家咨询委员会，借力高水平的研究机构和智库，提供决策参谋和政策咨询，推动科学研究、文化阐释、文旅融合、人才培养等。建立健全信息公开制度、举报制度和权利保障机制、社会监督机制，用好公众参与平台。

5. 优化监督考核机制

定期对国家文化公园建设保护重大事项和重点工程进行跟踪评估，及时总结评估国家文化公园保护建设情况，对重点事项进行专项督导，发现重大问题及时报告。相关省（自治区、直辖市）要健全监督检查工作机制，定期开展自查，及时反映重大进展、重大问题和意见建议。积极发挥当地居民、经营者、专家学者、志愿者、社会舆论的监督作用，开通多种监督渠道，让多元社会力量参与国家文化公园建设监督。重点监督国家文化公园建设情况、生态环境保护情况、公共服务供给情况、居民就业增收情况、社会经济持续造血能力等。

第三节　各国国家文化公园管理模式分析

一、美国国家文化公园管理模式——以黄石国家公园为例

（一）管理目标方面

管理目标与社会选择有关，《黄石公园法案》以及后续相关法案明确提

出，黄石公园管理目标是使所有的自然景观保持现有自然状态免于破坏，并且同时服务于公共用途、度假和游憩。

1. 公园规划和管理受行动紧急程度的影响

大黄石协调委员会经营者定期设定大黄石地区资源管理问题的优先事项，如2011年秋季优先管理规划事项有：①生态系统健康，侧重空气质量管理、气候变化、病虫害、入侵物种和水质量健康和流动这6个方面；②可持续操作；③保护大黄石地区景观完整性；④联系当地居民。

2. 公园管理计划

大黄石协调委员会经营者对黄石公园的6个主要议题制订了一系列管理措施。如对于气候变化，委员会通过了《跨边界的可持续：大黄石地区气候行动计划》《大黄石地区空气质量评估》等规范与计划。

3. 外部资金有利于管理目标批准和实施

黄石公园大部分资金由国会批准从税收中划拨而来，而门票收入、特殊项目酬金、私人捐赠等其他形式资金也是资金的重要来源。企业资助也有利于黄石公园管理工作的展开，如Home & Personal Care公司与黄石公园有长期稳定的合作关系，该公司资助公园举办科学研讨会、建设步道和新的游客中心。

(二) 黄石公园生态系统管理重视人为因素

生态系统管理实质是在各个方面管理人与自然的关系，因此管理过程中必须处理好各利益集团利益分配问题，重视本地社区的发展与参与。如印第安部落曾长期游牧或定居在黄石公园周边，但公园变成保护区后，由于印第安传统资源利用方式与公园保护规范不相符，印第安部落与管理者产生了剧烈冲突，被迫迁出黄石地区。直至1961年黄石公园首次正式承认印第安人是长期定居者，通过举行印第安巫术仪式的表演、安排居民就业等方式保存并发展印第安传统文化。土著居民由最初的被排斥到如今被尊重，生活水平与社会地位大大提高。

(三) 公园生态系统明确了边界

在野外划定生态系统边界时，仅确立一个边界是不够的，需要考虑可能发生的变化。如黄石公园内灰熊会突破黄石公园的边界，到大提顿国家公园以及周围国家森林中活动。因此可以采取两种管理行动：一是扩大生态系统管理边界，将黄石公园以及周围的森林作为一个整体进行统一管理；二是进行必要的跟踪监测，守护人员跟踪越过公园边境的北美野牛，甚至在必要时对野牛进行抓捕并送回园内。随着公园开发活动的增加，黄石公园逐步建立起完善的功能分区，主要包括原始自然保护区、特殊自然保护区、公园发展区和特别使用区4个区域。不同的功能分区的主导功能不同，实施的生态系统管理方法也不同，不仅要满足环境保护的既定目标，也要尽可能地实现资源开发利用，缓解二者之间的矛盾。

（四）公园管理者认识到变化是必然的

生态系统中变化是时刻发生的，生态系统管理需要依据科学分析和验证来展示不同尺度内可能发生的变化，同时对实施效果进行监测评估，在未来规划中考虑环境承载力和文化底蕴。1915年以前黄石公园内不允许行驶汽车，但随着国家公园的发展，不仅允许汽车行驶，还可以通过获得特许权在公园内部开设饭店。① 目前旅游者数量的不断增加给黄石公园生态系统保护带来巨大压力，国家公园通过采取预约进入、限量进入的方法来缓解资源环境的游憩压力。②

（五）从全球考虑，从局部着手

黄石公园是美国历史上最早以法律形式确定下来的国家公园，其环境保护、科学研究、宣传教育等方面是国家公园管理的典范。黄石公园内有多种世界珍稀动物，公园在1976年被指定为国际生物圈保护区，1978年被联合国教科文组织指定为世界遗产并被列入濒危世界自然遗产列表中。公园通过出版杂志、书籍来宣传黄石文化资源和文化事件，通过大力宣传与教育，黄石地区生态系统完整性及生物多样得到了较好的保护。

（六）用科学工具为管理指导

生态系统管理必须寻求维持或加强生态系统结构与功能。黄石公园管理遵循"完全保护、适度开发"的理念，始终将保护独特的地质地貌以及野生动植物资源作为工作重心。在当今社会，应尽量维持或加强生态系统功能和特征，使将来管理具有灵活性，分析和评估现在、将来自然生态系统所能提供给人类的有益功能。

决策者应当有适当的科学工具为指导。黄石公园管理过程中十分注重科学研究，早在1871年便开展了正规的科学调查，研究重点是公园内水生态系统，

---

① 朱璇. 美国国家公园运动和国家公园系统的发展历程 [J]. 风景园林，2006（6）：22-25.

② 田世政，杨桂华. 中国国家公园发展的路径选择：国际经验与案例研究 [J]. 中国软科学，2011（12）：6-14.

也涉及考古、植物区系、动物区系等其他方面。目前有许多大学教授、科研机构工作者以及企业和个人以黄石公园为依托，在动植物生活特性、生物对环境变化的影响、自然及人类干扰对生态系统的影响等方面做出大量研究，为黄石公园地区野生动植物保护、生态环境保护与维持等方面的管理决策提供重要信息。

生态系统管理者必须谨慎行事。由于人类对生态系统内物种间关系认识有限，一些人类活动会导致物种灭绝。1914 到 1935 年美国联邦政府为保护公园内农业及畜牧业，对狼群进行捕杀，到 1967 年，黄石地区的狼几乎完全绝迹，而公园中的马鹿对幼树及草地造成了严重破坏，狼成为黄石公园区域第一种濒危哺乳动物，直至 1990 年美国鱼类及野生动物管理局从加拿大进口麦肯锡河谷狼重新放养回公园中。自此各种动物的数量维持在相对稳定的状态，狼群也快速增长，到 2008 年美国鱼类及野生动物管理局将北落基山狼从濒危物种名单中去除。因此，在实施管理措施前，管理者要谨慎地以大量的科学依据作为指导，并且使政府、社会公众、社区居民等各利益相关方共同参与决策过程。[①]

二、日本国家文化公园管理模式——以飞鸟历史公园为例

日本对国家公园采取中央和地方共同管理的综合管理体制。首先，在中央设立环境厅，并在其中设置了自然保护局，对国家公园进行统管，制定统一的法律和统一的管理规划。其次，针对不同等级的国家公园，其管理机构不同。国家公园由环境厅直接管理。在中央，环境厅下设自然环境局、环境整备担当参事官、国家公园管理科、亲近自然活动推进室等，分别负责国家公园管理的相关工作。在地方，负责地方环境行政工作的地方事务所同时也负责国家公园管理的相关事务。此外，还设置了自然管理员和自然管理员助理。

（一）具有明确的功能分区

日本飞鸟历史公园中，石舞台古墓、高松冢古墓以及 KITORA 古墓为最有代表性的三个陵墓，除了一定规模外，也有很高的艺术价值与考古价值，它们分布在公园的三个区域之内。其中，石舞台古墓、高松冢古墓所在的两个区域主要以遗迹展示为主，配以相应的博物馆与壁画馆。而 KITORA 古墓周边地区则更为宽广，它是在保护古墓并使古墓与周边自然田园环境融为一体的同时，

---

① 毕艳玲，冯源．生态系统管理的原则——以美国黄石国家公园为例［J］．安徽农业科学，2017，45（8）：64-65，68．

能让更多人在飞鸟历史公园感受历史文化、风土生活的一个地区。在这里，游客可以享受美丽的自然环境，参与有关的农活体验和手工艺等活动。游客中心、体验教室、体验工坊以及纪念品商店等也都分布于此。这里还有全年可用的玩具车免费出租，车中放满了剑玉、悠悠球、呼啦圈等充满时代感的玩具。相比于这三个古墓区域，"甘樫丘地区""祝户地区"似乎是这些遗迹的一个配套区域。从甘樫丘周边地区的展望台可以眺望到飞鸟古京（明日香村）的村落、藤原京和大和三山等美丽风景。祝户地区则更像是一个研学住宿基地，除了有研修住宿所"祝户庄"之外，还有以大和三山为背景展开的飞鸟古京和被称为飞鸟的稻谷地区的美丽梯田风景、草坪广场以及通向舞台地区的散步园路等。[1]

（二）深挖文化内涵，推动遗址活化

在日本飞鸟历史公园标识的设计过程中，"人（红）、历史（古代黄土色）、自然（绿）"这三个元素被作为素材提取，而一抹紫色则代表了在历史和时间的流动中表现出的一体意向，最后形成了这一标识。

公园的网站中有很多原创短片，它们更加深入地介绍公园，这些短片被称为"飞鸟罗曼纪行"。短片以春夏秋冬、鸟瞰、节事活动、历史风土、陵墓介绍、东亚文化交流等为内容，使用动漫、3D场景还原等技术形式制作，内容深入浅出，富有趣味性与故事性，在园中的多个媒体设施上循环播放。值得一提的是，大多短片的制作经费来自公园的特殊邮票中的募捐款。公园会不定期在各大展望台上开设VR专区，让游客眺望遗迹的同时体验飞鸟古京在过去的辉煌。

（三）以人为本管理公园

游客在飞鸟公园除了能够参观不同的遗迹和文物，而且可以参加园内举办的各式各样的活动，并且可以咨询户主，体验晚上入住古代建筑的住宿方式。供住宿的古建筑是根据考古发掘复原而成的，里面的食物也依照古代而设定，比一定意义上普通的图片和文字展示更能吸引公众的目光，充分体现了遗址公园的知识性、趣味性、休闲性、娱乐性，最重要的是可以让年轻的一代对遗址保护有兴趣。除了展示方面的人性化，公园在无障碍设计方面也考虑得很周到：为方便停车设有专门的停车场；为方便残障人士，设立坡道方便坐轮椅的游客参观，厕所也专门设置残障人士专属厕所，另外为盲人设置盲道、以盲文

---

[1] 吕宁，赵亚茹．中国休闲城市发展报告［M］．北京：旅游教育出版社，2020：138-141．

印刷指南手册，在阶梯扶手上设置盲文点字牌；为方便老人，设置了代步车；为方便身体虚弱人士，设立了出租轮椅的租赁处。

三、英国国家文化公园管理模式——以弗拉格考古遗址公园为例

(一) 英国考古遗址公园立园理念——阐释遗址内涵

英国在历史文化遗产保护方面拥有悠久的历史，早在1882年就颁布了《古迹法》，开始对英国重要的历史文化遗产依法进行保护。英国后来颁布了许多与文化遗产相关的法律和政策指南，不断完善自己的文物保护法规体系，相应法规有《古迹和考古区域保护法》《城乡规划法》《英国国家规划政策指南》等。

除了完备的法律体系，英国文化遗产保护还深受"风景如画运动"的影响。18世纪，英国休闲阶层开始热衷于原生态景观旅游，人们开始以自然审美情趣改造自家花园，刻意保留或者增加一些古典元素，构建如画的风景。

欧洲各国的考古遗址公园有着十分类似的含义，即考古遗址公园是为了让游客了解考古遗址内涵专门设计和修建的公园。"阐释遗址内涵"作为英国考古遗址公园的立园理念，贯彻在公园的各个方面。

(二) 原真性展示方式——严格按照出土文物的工艺进行原真性复原

欧洲国家非常重视文物的原真性保存，几乎很少采用重建方式，对很多遗址采用维护现状方式或维护其出土时的状态。弗拉格考古遗址公园建设严格参考了考古研究成果，通过构建遗址保存现状、原真性复原部分建筑、再现历史场景以及展示出土现场等方式进行遗址展示。

弗拉格考古遗址公园按照出土时状态再建了一段祭祀堤道，将木构堤道展示给游客。同时，严格按照出土木制品的特点，恢复再建了两座青铜器时代和一座铁器时代的木构架房子，同时将这种房子的建筑技术通过实验考古的形式展示给游客。该遗址公园依照考古发掘结果恢复了古代农场布局和设施，饲养了相关动物，种植了相关植物。

此外，弗拉格考古遗址公园对考古遗迹采用原址保护的方式，建设了一座保存大厅。大厅内建设了人工湖，展示了木材的出土现状，并且使用喷淋设置进行木材保湿处理。保护大厅的意义不仅仅在于展示文物原貌，更为重要的是将文物保护的难点展示给游客，唤起人们保护遗址的意识，争取人们的支持。

（三）打造青铜器时代考古体验乐园进行文化展示

弗拉格考古遗址公园建有博物馆，其外部造型与遗址内复建建筑统一协调。博物馆陈列展示了遗址出土的各种文物，是青铜器时代艺术、文化和科技的代表之作。弗拉格考古遗址公园还通过考古培训课程、历史文化活动和实验考古等手段，使游客在亲身参与中感受古代文化的魅力。同时弗拉格考古遗址公园优化网站建设，网站涉及内容广泛，包括遗址简介、制度、发掘、遗址、文物以及各种活动等。在网络平台中，该遗址除了利用文字和图片传递信息之外，还采用了可视化展示技术对遗址各个重要景观进行了展示。

四、新西兰国家文化公园管理模式

在新西兰，负责环境事务管理的部门主要是环境部和保护部。环境部对环境部长负责，其主要负责一般环境政策的制定，是一个政策机构。具体来说，环境部负责处理一些气候变化政策、材料管理和废弃物管理政策、空气和水质量政策等，同时还包括负责处理由新西兰基本环境立法和资源管理法案等引起的问题。保护部对保护部长负责，在《保护法案》第六章中对其职责做了详细说明。保护部的主要任务是负责所有资源的保护，包括自然和人文的资源，以及各类物种。除此之外，该部门还鼓励休闲娱乐活动，并且规范商业活动。此外，该部门还需要考虑和尊重毛利人的利益。

其中，保护部长主要负责国家公园的管理，保护部管理机构分为国家机构和地方机构，其对国家公园的管理具有双重责任。管理国家公园的政策是保护部在咨询国家公园所在地保护委员会后制定的。在完成公众咨询之后，新西兰保护管理局需要就此咨询保护部部长，然后再做出最后的决定。新西兰国家公园保护管理局的职责如下：（1）按照国家公园的一般政策来编制和批准声明；（2）批准国家公园管理计划和管理计划的修订及评审；（3）向部长或总干事就议会拨款的优先次序提供建议；（4）审查并报告部长或总干事国家公园一般政策管理的有效性；（5）考虑并提议新的国家公园的建立及已有国家公园的土地扩张；（6）向部长或总干事就关于任何国家公园的任何事务提出意见和建议。

五、法国国家文化公园管理模式

2006年4月法国建立国家公园公共机构，它是国家自然保护部行政监管下的全国公共机构。国家公园公共管理机构由管理委员会组成，包括：（1）

委员会主席和各国家公园负责人；（2）由法国大区协会和法国议会参议员任命的两名代表；（3）由自然保护部部长委任两名合格的在职人员；（4）工会组织职工代表。

管理委员会的职责包括：（1）给国家公园提供技术和行政援助，包括建立共同服务公共机构，以便于其基础运营、技术和行政支持，并促进他们国家和国际的交流合作；（2）协助其个人或国家公园应用通用法规，以推动各公园间的工作人员流动；（3）组织并帮助落实便于国家和国际交流的共同政策；（4）如果有的话，作为国家和国际论坛间的国家公园交流桥梁，就各机构共同或部分关心的议题进行讨论；（5）保障和管理"法国国家公园"这一集体商标，用以证明国家公园所衍生的产品、服务及活动，且保证无害于生态环境，保证动植物的生长；（6）负责国家公园及其公共基础设施的数据采集；（7）根据国家公园政策执行问题及所有有关自然保护方面的研究和项目，负责给部长提供有关自然保护的意见；（8）根据国家公园的整体财务资源的情况及其分布，负责给部长提供有关自然保护的建议。

管理委员会可以把它的一些权力授权给办公室。办公室由一半的国家公园的科学理事会成员和一半的合格在职成员组成的科学委员会协助。

六、南非国家文化公园管理模式

南非国家公园由南非国家公园管理局负责管理。南非国家公园管理局成立于1956年，隶属于国家环境事务与旅游部。南非国家公园管理局负责管理一系列能够代表国家本土的动物、植物、景观以及相关文化遗产的公园。其愿景为建立一个可持续的、与社会相连接的国家公园体系，其任务是为当代人和后代人的公平利益，通过创新和最佳办法来发展、扩大、管理和促进能够代表生物多样性和遗产的、可持续的国家公园体系。董事会由董事会成员和首席执行官组成，成员由环境事务和旅游部的部长指定，首席执行官由董事会指定。南非国家公园管理局根据《保护区法》以及其他法律，如《国家环境管理法》和部长的指令对国家公园、世界遗产以及其他保护区进行管理和保护。在达成一致的情况下，管理局可以在国家公园内提供本应由市政府提供的服务，也可以实施本应由其他国家机构实施的职能。[①]

---

① 蔚东英. 国家公园管理体制的国别比较研究——以美国、加拿大、德国、英国、新西兰、南非、法国、俄罗斯、韩国、日本10个国家为例［J］. 南京林业大学学报（人文社会科学版），2017，17（3）：89-98.

第四节　长城国家文化公园管理研究

一、长城国家文化公园管理现状

（一）大环境影响政府投资能力，导致资金短缺

创建长城国家文化公园需要大量的资金投入，因其公益性导致基础设施投资等前期投资主要来源于政府财政拨款，但河北省受到供给侧改革、环保等各方面政策的影响，经济发展较慢。市场主体因受大环境影响，观望徘徊者增多。长城分布的市县经济发展水平较低，政府财政资金紧张，用于创建"以保护为主"且具有公益性的长城文化公园力不从心。

（二）管理部门多、权责不清晰

整个河北省长城沿线范围广泛，长城沿线统一管理模式还没有形成。没有设立专门管理机构、配备人员及配套设施等，又缺乏专门机构和队伍，大量跨区域跨部门的调查研究、规划、宣传、立法等整体性工作推进困难，协调难度大。且建设长城国家文化公园不仅仅包括对于长城本体资源，还包括长城沿线的非本体资源，长城本体资源主要包括城墙、敌楼、关隘、烽燧等，而长城沿线的非本体资源都有很多种类，包括非物质文化遗产、历史文化名城、历史文化名镇、红色旅游典型景区、国家级风景名胜区和国家级地质公园等。要建设长城国家文化公园需要综合管理这些资源。这些资源隶属于多个部门进行管理，很容易导致条块分割、多头管理的局面。要建设长城国家文化公园必须联合多个部门，如何合理有序地调节各个管理部门之间的利益、权利和责任是一件复杂的工作，同时这也是建设长城国家文化公园的重大障碍之一。

河北省在省级层面上还没有建立专门的管理机构，只是设置临时机构：长城国家文化公园领导小组、办公室和专班。在市、县层面上专门管理机构有一定的探索，张家口成立长城保护管理处，迁安市设置迁安市长城国家文化公园管理中心。但总体来看，在国家文化公园建设的实体性机构设置方面推进不快。缺乏稳定的专业管理队伍。河北省长城国家文化公园建设工作领导小组办公室设在省文旅厅资源处，专班人员少，同时还要承担原处室职能任务。缺乏

稳定专业的队伍，无法保证长城国家公园高质量的运营。[①]

(三) 管理区范围不明确

长城国家文化公园建设中的四大主体功能区，除了管控保护区的保护边界可以确定之外，其他三个功能区边界无法明确，这就导致管理权限、发展规划针对性差。且长城国家文化公园的建设，除指导性文件，目前没有明确的政策指引。如项目审批和落地手续难，与生态红线、基本农田等控制线如何协调发展，都需要政策的指引。同时，长城国家文化公园维护、监控、项目建设等标准化不足，长城国家公园保护和传承利用没有标准指导，不能推进国家文化公园迅速推进。

二、长城国家文化公园管理体制构建的路径

(一) 采用垂直管理体制

在借鉴我国及国外典型国家经验的基础上，我国宜采取以政府为主导的垂直管理体制，即在中央层面设国家文化公园管理局长城国家文化公园管理分局（简称"长城管理局"），统一管理全国范围内长城国家文化公园的事务，包括长城国家文化公园建设保护规划的管理与监督；协调文旅、生态、经济等多部门之间的关系；对各省、市之间的违法违规行为进行监管，为公园的运营提供资金保障等。长城管理局内设长城国家文化公园专家咨询委员组，组内成员包括考古、文化、生态保护等多方领域的专家学者，对长城国家文化公园的建设事项进行宏观指导，负责完成长城管理局委托交办的事项，为长城管理局提供决策咨询和政策建议。各省（市）成立长城国家文化公园管理委员会（简称"管委会"）作为长城国家文化公园管理工作的专门机构，负责本省（市）区域内长城国家文化公园的管理工作。同时，相邻省份之间加强区域合作，建立信息共享、长效合作机制，实现资源共享、权责互联。根据本省（市）的实际情况，各省（市）管委会内设专家咨询小组作为咨询机构，负责研究、解读本省（市）有关长城国家文化公园建设的相关政策、法规，为管理机构提供专业建议；广泛宣传、深入解读长城国家文化公园发展理念，统筹协调推进工作进一步发展。各市（区）成立长城国家文化公园管委会分支机构，负责实施具体发展规划、文旅融合项目开展、资源管理、宣传教育、查处违法行

---

① 白翠玲，武笑玺，牟丽君，李开雳.长城国家文化公园（河北段）管理体制研究[J].河北地质大学学报，2021，44（2）：127-134.

为等具体管理工作,各县(乡镇)成立长城国家文化公园管理中心作为基层建设保护机构,形成"长城管理局——管委会——管委会分支机构——管理中心"四级垂直管理体制。

就长城国家文化公园建设现状来看,实施垂直管理体制有其合理性。首先,建设长城国家文化公园是一项国家工程,必须由国家统筹领导,统一规划。此种管理体制模式解决了我国长城跨区域、跨部门的难题,有助于明确国家在政策制定和战略规划中的指导地位,有利于我国长城国家文化公园公益性、文化性和科学性目标的实现。其次,各省(市)成立专门机构统一对长城国家文化公园的管理事项行使管理权,可以有效避免实践中政出多门、条块管理现象,使"权责明确、运营高效、监督规范"的管理模式和"中央统筹、省负总责、分级管理、分段负责"的工作格局真正落到实处。最后,中央统筹能够保证公园建设的资金来源,避免过度依赖地方政府。由中央统一领导,统筹协调具体工作安排,管理工作的效率大大提高。

(二)完善社区共管机制

社区共管机制是指地方政府、管理机构、社区居民和其他参与主体建立合作伙伴关系,共同参与保护管理方案的决策和实施,实现权力、责任和利益的共享。我国在《建立国家公园体制总体方案》中提出国家公园建立社区共管机制的具体要求和内容;德国采取"社区共管模式"的有益经验也值得我国借鉴。首先,在实行垂直管理体制的基础上,明确我国长城国家文化公园的管理主体为当地管理机构和社区管理组织。当地管理机构代表国家行使管理权,负有管理长城国家文化公园生态环境的职责;当地社区管理组织经管理机构赋权并在其监督指导下行使管理权。其次,采取以共管委员会为主的管理模式,由决策小组和当地社区村(居)委会管理社区事务。决策小组和当地社区村(居)委会的人员由当地村民公开选举组成,二者在进行管理决策过程要充分听取当地居民意见,并将最后的意见向公众公示,提高决策的透明度;同时,在决策小组和村(居)委会之外建立专门的监督机构,对各管理成员的行为和管理决策过程进行全程监督。此外,健全社区合作机制。当地社区可以与有合作意向的企事业组织或个人签订协议进行项目保护合作;合作保护协议双方由当地管理机构进行监督,对不履行协议、恶意毁约的行为进行处罚。最后,健全生态保护补偿制度,明确保护补偿标准,将补偿资金作为专项资金纳入当地财政预算,由中央统一拨付,以保障居民的基本权益。

（三）优化公众参与机制

在明确长城国家文化公园管理主体的基础上，要引导社会力量积极参与到保护长城国家文化公园的工作中，鼓励企事业单位、民间团体、志愿者个人等多方主体参与到保护长城国家文化公园的工作。首先，将长城国家文化公园与乡村振兴相结合，建立社区参与和志愿服务机制，形成政府主导、社会多方参与的保护新格局。管理局可以与环保组织或学校建立合作关系，实施志愿者服务计划，通过吸纳多领域具有专业知识的志愿者，在统一培训的基础上，负责长城国家文化公园的分段保护工作。其次，开设长城文化教育宣讲工作。设立"长城文化博物馆"，聘用专职管理员通过讲解、宣传、展示等多样方式向公众开展长城文化教育，为公众提供精神层面的参与机制，提高公众的保护意识。健全生态管理和公益性岗位制度，聘请园区内合格的居民作为生态管理人员，负责长城国家文化公园日常的设施维护、日常清洁等工作。管理机构应当与有关部门建立信息资源共享和协商机制，支持公众开展园区保护的监测活动，为园区生态自然保护提供有力的数据支持。科研机构也可以对长城线性文化遗产保护修复等工作进行研究，为管理机构实施决策建言献策。

此外，政府可以对长城国家文化公园实施公园化的运营管理机制，助力长城资源的活化和利用。通过实施特许经营制度，将公园内的旅游项目交由企业管理，实行政企分离。管理者只负责管理工作，避免长城国家文化公园建设重经济、轻保护。企业可以将长城文化资源转化成有形的、可体验的文化项目，在长城保护的基础上适度发展文化旅游、特色生态产业，建设"长城博物馆""长城文化主题公园"等文化场所，将文化资源挖掘与游憩模式创新相结合，重点发展旅游业和文化创意产业。例如河北省为实现"互联网+"旅游，推出"云长城·河北"。迁安市成立旅游集团，探索形成"中心+公司"新机制，大力实施"旅游+"模式，不断丰富全域旅游产品和业态。政府可以将一系列旅游项目与企业签订合同，同时处理好公益性与市场化的关系，对企业特许经营的范围严格把关，禁止从事耗费园区核心项目的服务，对违规经营的企业进行处罚甚至取消其经营资格。[1]

---

[1] 徐缘，侯丽艳. 长城国家文化公园管理体制探究［J］. 河北地质大学学报，2021，44（4）：127-131.

第五章　国家文化公园的保护与利用研究

国家文化公园建设离不开相关主体的保护与利用，将其与现代经济发展相结合，利用现代技术水平展现国家文化公园的文化韵味，有利于维护国家文化公园的历史样貌并使其时代性不断增强。本章将针对国家文化公园的保护与利用展开分析与探讨。

第一节　国家文化公园保护问题及其对区域协调发展的促进

一、国家文化公园建设保护促进区域协调发展的框架

（一）整体概述

国家文化公园建设保护是一项系统工程，空间跨度大，具有协同经济社会发展的特征和属性，国家文化公园建设保护需要区域统筹协调。结合国家文化公园建设保护进展情况，充分吸纳和借鉴国内外相关典型经验，确定国家文化公园建设保护推动区域协调发展的框架可概括为"三个层次""四类主体""四种关系"和"三种模式"。通过指导层、传输层、操作层的战略统筹，政府（管理机构）、市场主体、社会组织、公众（居民、游客、经营者）四类主体参与到国家文化公园的建设之中，协调处理国家文化公园建设保护与国家发展阶段的关系、国家文化公园建设保护与地方管理体制机制的关系、国家文化公园建设保护方案与地方规划体系的关系、国家文化公园建设保护成效与地方经济社会发展的关系等，围绕多个维度确立国家文化公园建设保护推动区域协调发展的重点。

(二) 三个层次

国家文化公园建设保护的组织管理和运营具有方向性和层次性，可以划分为指导层、传输层和操作层三个层次。指导层是国家战略层面对国家文化公园管理和运营进行顶层设计，从管理体制、建设内容、政策体系、规划体系、法律法规等多个方面进行综合把控和指导。传输层相当于国家文化公园建设保护中由国家战略到区域操作之间的介质，包括国家战略与地方发展思路的衔接，以及国家、地方政府、相关管理机构三者在国家文化公园建设保护中的职责界定，还包括相关法律、法规、制度、条例在不同层级的出台、规制和应用界定。操作层体现在具体实施和运营层面，涉及主体参与、产业开发、投资准入等内容。

(三) 四类主体

国家文化公园建设保护的组织管理和运营主要涉及四类行为主体，分别为管理机构、市场主体、公众和社会组织。管理机构主要包括不同行政层级政府及主管行政部门、不同层级的相关部门和管理机构。市场主体主要是指从事国家文化公园保护、运营的具有市场属性的行为主体，还包括未来可能出现的具有特许经营权的第三方运营主体。公众主要包括居民、游客以及诸多的相关服务人员等。社会组织主要包括通过政府向社会力量购买服务等形式参与国家文化公园建设保护的社会组织，也包括自发参与国家文化公园建设保护的志愿者及慈善组织等。

(四) 四种关系

国家文化公园是具有特定开放空间的文化载体，其建设保护是"十四五"时期我国文化建设的标志性工程和文化强国建设的重要支撑，多个区域重大战略叠加，因此需要处理好国家文化公园建设保护与新发展阶段的关系。国家文化公园建设保护区域均属地方行政范围，在顶层设计时，作为改革主体的地方政府难以形成稳定的制度预期，势必会加剧各方博弈和策略行为。明晰国家和地方在国家文化公园建设中的角色定位，理顺"自上而下"和"属地化"并存的管理体制机制，是统领国家文化公园建设管理与运营的关键。同时，要明确国家文化公园建设保护在地方规划体系中的地位作用，以及国家文化公园建设保护管理与具体任务事项管理运营的关系，建立起顺畅的管理体制机制体系。同时，国家文化公园建设既要强调宏观上经济社会发展的整体性，又要强调各个区域、板块之间的互补性，处理好国家文化公园建设保护成效与地方经济社会发展的关系，通过文化保护传承利用重塑区域文化中心节点，推动文化中心成为经济中心。

（五）三种模式

1. 均衡发展模式

主要对应国家文化公园建设保护中的公共文化服务发展和文化遗产保护传承利用。均衡发展模式的关键在于文化领域的提质升级发展。与目标人群相匹配的文化要素构成了特定的文化生态链，相关企业和相关部门在文化生态链和生态结构构成中起主导作用，社区居民、社会组织等参与其中，政治、经济、社会、生态环境是影响文化均衡发展的外部因素，文化均衡发展的目标在于区域资源、创意、符号、线路、品牌等要素有效集合和利用效率提升。

2. 耦合发展模式

主要对应国家文化公园建设保护中的文化和旅游等产业融合发展。文化是旅游的灵魂，旅游是文化的重要载体，文化和旅游融合的要求构筑耦合发展的模式和顺畅的耦合发展机制框架。文化旅游耦合发展的关键在于旅游要素通过资源、市场、技术、功能等实现路径，在消费者需求、市场竞争等内生性动力和政策支持、科技进步等外生性动力的共同作用下，形成开发型、体验型、再现型、创造型等文化旅游产品，而文化要素通过开发型、体验型、再现型、创造型改造和更新，在消费者需求、市场竞争等内生性动力和政策支持、科技进步等外生性动力的共同作用下，创造出文化的旅游资源、市场、技术、功能等，实现国家文化公园建设保护从区域文化到文化旅游的价值增加。

3. 区域协同发展模式

主要对应国家文化公园建设保护中带动区域经济社会发展。跳出文化本身，从外部看，国家文化公园建设保护对区域经济社会发展具有正向推动作用。区域协同发展模式的关键在于，实现跨区域国家文化公园建设保护的战略协同、文化协同和组织协同，政府、市场、企业、游客是国家文化公园区域协同发展的行为主体，政府通过制定政策和引导推动跨地区文化资源的整合和创意技术升级，培育新型文化观，实现区域联动；市场通过对接区域文化产品和服务的供给与需求、要素整合和区域市场一体化等手段，实现区域协同发展；企业则通过产品创新和理念创新参与到国家文化公园建设保护的区域协同发展中来，同时借助政府和市场的双重力量确定所扮演的角色；消费者和游客作为文化消费的源头，则通过自身的文化认同选择获取国家文化公园相关的区域市场和产品服务。

二、国家文化公园建设保护促进区域协调发展的策略

（一）筛选协调发展重点区域

文化与经济的内在关联决定了中观层面上文化建设与区域经济发展的关系。区域经济作为整个社会经济的基本空间构成，通常包括区域特色资源、特色产业、特色产品、独特技术、特色人文历史、特色环境等多种属性，这些特殊的区域要素属性构成了区域特色文化。地域文化的差异性是区域经济错位发展的动能，地域文化价值观、信仰和文化差距影响地区市场经济行为。在全面系统分析我国国家文化公园建设保护格局的基础上，依托主题展示区、文旅融合区、传统利用区等主体功能分区和重点建设、资源富集以及产业集聚空间等，对国家文化公园进行地理单元和行政单位划分，甄别国家文化公园建设保护与区域经济社会协调发展基础较好、带动就业和居民增收水平较高的区域，将其作为国家文化公园建设保护引领区域协调发展的重点区域。重点区域内要高水平统筹文化资源一体化开发，突出高等级文化遗产保护和绿色生态廊道建设，强化文化资源调查认定和统一管理，制定施行周边环境风貌保护管控和开发准入两张清单，严格控制重复建设和无序竞争。

（二）培育区域文化特色城镇

文化保护传承利用必须依托城镇。其中，名城、名镇是重点，是文化保护传承利用的具体单元，承担集聚文化要素资源、辐射带动周边的重要窗口功能和支点带动作用。名城和名镇建设应实现城市建设与保护历史文化资源有机结合，强化文物、古籍和遗址的保护，推进历史文化街区保护修缮和当代复兴，增加更多特色文化功能和多样化公共空间，构建融合地域、文化与时代特征的开放、多元的文化商业空间，打造具有人文温度的文化与商业街区，同时名城间的协调联动、名城与名镇的经济社会发展关联互动也是国家文化公园建设保护引领区域协调发展的重要内容。在此基础上，要将名村建设纳入其中，紧密结合美丽乡村建设，保护利用乡村传统文化，盘活乡村文化资源，加强对独具自然生态与地域文化风貌特色的居住群落、历史建筑及非物质文化遗产的整体性保护，全面繁荣乡村文化。

（三）推动产业耦合和创新驱动

在国家文化公园建设保护框架内，推动文化产业与金融、旅游、体育等资源融合发展，激发文化创造力。区域特色文化渗透到区域经济运行的各个

方面，形成创新产业耦合和创新驱动等独特的区域经济发展模式。积极创建"文化+金融"融合发展示范区，支持跨区域组合建立文化产业金融服务战略联盟，探索多元化的跨界金融服务模式。大力发展文化新业态，促进"文化+"产业链纵向拉长、横向拓展，跨区域培育接续产业、精品路线和文化品牌。发挥互联网新兴技术的积极作用，加强语音视听、内容识别、深度学习、人机交互、可视化呈现等领域关键的文化科技装备研发，支持"文化+科技"成果在国家文化公园范围内跨省（区、市）输出和布局。探索跨区域文化机构、非遗企业、传承人、老字号、音乐等与网站、微博、微信、短视频平台的融合发展，搭建文博资源信息数据库，依托大数据等互联网科技，深度挖掘博物馆文物资源、人才资源、品牌资源，打造互联网语境下的文博生态体系。

（四）完善跨区域协调体制机制

切实加强国家文化公园建设工作领导小组的统一指导，由国家文化公园建设工作领导小组办公室组织开展日常工作，落实好工作专班制度，强化顶层设计、跨区域统筹协调，各省市依托核心展示园设立国家文化公园管理区，推动国家文化公园立法。以大运河文化保护传承利用省部际联席会议机制为基础和样板，在国家文化公园建设工作领导小组框架下完善省部际联席会议机制，妥善处理与国家公园、国家级自然保护区、风景名胜区、地质公园、森林公园等空间规划边界的错位。探索设立跨区域的国家文化公园建设保护基金，加强资金来源管理，明确资金类型配比和社会资本可进入范围并出台规范，鼓励和引导社会资本通过兴办实体、资助项目、提供服务、捐赠物资等方式参与国家文化公园建设保护。共同探索特许经营模式、公私合营模式（PPP）、非政府组织（NGO）参与模式、基础设施公募REITs等参与运营的可行性。[①] 积极发挥居民、经营者、专家学者、NGO、志愿者、社会舆论的作用，让多元社会力量参与国家文化公园建设保护。

---

① 刘敏，张晓莉.国家文化公园：从文化保护传承利用到区域协调发展［J］.开发研究，2022（3）：1-10.

第二节　国家文化公园整体性保护思想解读与路径总结

一、国家文化公园整体性保护思想解读

整体性保护经历了从自然遗产逐步扩展到自然与文化遗产双语境的转变，而且随着人们认识的不断深化，遗产完整性逐步变为最科学、层次最高的概念。[①] 我国的文化遗产保护在步入新时期后，面临着如何从文物保护单位制度向国家文化公园管理制度演进的问题，这要求在国家文化公园的建设中，需充分考虑文物资源、文化遗产与周边自然、社会、文化等环境的连接度，注重文化在地空间与遗产精神的完整性，致力于打造中华民族统一的精神象征，维护中华民族的文化延续性。整体性保护成为国家文化公园管理的基本原则。

二、国家文化公园整体性保护路径总结

（一）构建完整组织结构

构建本体结构与三生空间平衡发展的遗产文化结构，以实现组织结构的完整。国家文化公园具有区别于国家自然公园的遗产结构、经济结构、社会结构与文化结构。首先，遗产本体结构是国家文化公园发挥功能、实现价值、体现精神的直接来源。以长城国家文化公园为例，若要实现其组织结构的完整，就要对长城城墙、烽火台、车马道等进行全线保护，不能破坏其整体体系。其次，遗产地内部的人居生活方式是人类与遗产地在长期相处过程中磨合形成的"最优解"，最终形成了当地居民的生活方式与生存结构。国家文化公园中的传统村落，需要保存其完整的文化生态结构，不断增强其可持续发展的能力。文化遗产保护的未来，很大程度上取决于它与人们日常生活环境的整合状况，取决于相关部门在区域和城镇发展规划中对它的重视程度。国家文化公园可以借鉴文化生态学思想及文化生态保护区实践，在生态上，保存原生态的遗产空间布局，维持原生态的遗产结构体系，如维护原有的人类聚落等。在生产上，

[①] 苏明明，孙业红，邹统钎，张朝枝，张捷. 遗产的真实性与完整性准则及旅游研究的价值立场——"重新认识遗产旅游"系列对话连载（三）[J]. 旅游论坛，2021（3）：23-30.

既要保存原有的生计方式，如当地的传统手工艺、特色农业生产方式等，同时又要植根于活态文化，创新活化方式，将国家文化公园的遗产放到整体环境中进行生产性保护，如打造当地特色手工产品、农产品或传统医药品牌，培育非遗传承人，设计特色文创产品等。在生活上，要保存当地原有的生存模式，保留优良的原生态生活习俗，同时对以生活方式为主的非物质文化遗产进行生活性保护，如打造民俗体验型文化旅游产品，不断拓宽人们对当地传统风俗与生活方式的认知通道，从而自觉形成良性的文化保护与文化生产氛围。

（二）发挥多元功能价值

构建本底功能、直接应用功能与衍生价值多元发展的遗产功能体系，以实现功能价值的完整。国家文化公园是复合的功能空间，其生态要素、文化要素、人居空间承担着生态涵养、生物保育、文物保存、生产生活等功能，具有科学研究价值、历史文化价值与旅游休闲价值等。国家文化公园可以借鉴自然文化遗产的综合利用原则，即严格保护本底价值、适度利用直接应用价值、大力发展间接衍生价值。[①] 对于本底功能，国家文化公园要分类恢复、灵活运用；对于直接应用价值，国家文化公园可以充分发挥文化教育功能、遗产考古价值、旅游休闲功能及农林产品实物产出价值等；对于间接衍生价值，国家文化公园要注重宣传价值与代表意义，打造文化IP，建设成具有国家代表性的文化标识，打造国际友好沟通的渠道与中外文化交流的桥梁。以大运河国家文化公园为例，为实现其功能价值完整，首先要疏通河道、修复水闸，保障航运、灌溉、泄洪等功能。大运河是漕运文化、市井休闲文化等的重要载体，可以通过运河体验项目发挥其教育功能与旅游休闲功能，同时致力于考古挖掘，充实运河考古资料，助力运河文化的传承与发展。大运河是世界人工运河的典范，可以作为与其他国家古运河保护利用的交流通道，搭建"以文会友"平台。

最好的保护是利用。国家文化公园要以活态传承延长文化寿命，弘扬文化智慧。但这种利用必须是相容性利用。换句话说，一切变化是相容的，有助于防止发展的负效应。相容意味着管理者需要确保土地使用与经济活动的持续融合，倡导相容的地方发展，增强遗产的可持续性，这有助于保护遗产的突出普遍价值。

---

① 陈耀华，刘强.中国自然文化遗产的价值体系及保护利用 [J].地理研究，2012，31（6）：1111-1120.

(三) 完善精神意义表达

构建以权威话语为主、多元话语为辅的精神意义表征体系,以实现精神意义的完整。遗产的完整性既涉及客观世界,又涉及主观世界,它是一个由对象、地点与人三个关键方面组成的系统,各系统要素之间具有持续的信息及能量交换。由此,完整性原则不仅适用于游览对象,还适用于与遗产相关的历史和文化意义,以及其他社会文化元素。景观是定义人们生计、身份和信仰体系的非静态的场所,出于此特性,遗产在历史的长河演变中被赋予了无形价值,甚至已成为一个国家和民族的象征与精神支撑。如长城国家文化公园凸显的是众志成城的爱国精神与坚韧不屈的顽强意志,大运河体现的是义利兼顾的经济观与集中力量办大事的集体观。精神层面的完整有利于遗产意象的升华以及遗产价值的传播,可以唤起人们的保护意识。国家文化公园只有在统一的精神价值统领下,才能在建设过程中不偏离原有的核心与主题。

国家文化公园所依靠的本体是我国千年的文化积淀,如《魁北克宣言》就提出遗产地精神的传播应成为遗产地精神保存的重要部分。[①] 国家等政治权威是遗产话语建构的主体,国家要诠释好、解说好、宣传好遗产承载的价值态度与文化信仰,以保障精神价值的统一表征。多元话语对遗产精神的建构,有利于加强民众对自我身份与种族话语的肯定,因此,国家文化公园也要吸纳诸如学者、媒体与周边居民对遗产的理解,权威话语与多元话语的双重解读,有助于构建国家文化公园统一的意义空间与情感空间。当然,最重要的还是相关部门要做好精神意义的具化与宣传,既要保存好、修复好有形载体,又要活化利用、创新利用无形载体,同时利用现代科技打造丰富的娱乐体验项目,塑造国家文化公园的精神符号。以黄河国家文化公园为例,它承载着开拓、进取、拼搏、奉献的精神,也是中华民族的"母亲河",是抗击外侮的动力源泉,可以通过文化艺术作品实景展演、黄河爱国歌曲传唱、黄河历史时刻的数字技术重现等方式向公众传递黄河精神,打造黄河 IP。

(四) 搭建完整视觉景观

构建和谐一体的景观格局与环境氛围,以实现视觉景观的完整。景观尺度下的文化遗产是由遗产地的自然结构、经济结构和社会结构所构成的统一体,

---

① 罗佳明. 遗产旅游的发展向度:遗产地精神与体验旅游的融合 [J]. 旅游学刊, 2010 (5): 6-7.

是"自然与人类的共同结晶",要从空间、时间和文化属性三个维度来把握。[①] 在空间上,国家文化公园要维护好景观的连续性,通用的做法是在国家文化公园周边设置缓冲区,与城市景观进行一定程度的隔离。在建造必要的服务设施时,也要注重与整体景观和文化氛围的相容性,维护遗产地的文化风貌。在时间上,国家文化公园要完整保存遗产的历史演变过程及时间演化痕迹。在文化属性上,国家文化公园内的遗产景观具有时间的压缩性,因此需要将各类景观的文化属性与其成型的时间节点进行有机关联,形成具有规模的文化效应,当各类遗产被合理放置在特定的时空下,才能与其环境形成和谐的景观。

可见,一切遗产都无法脱离环境而孤立存在。视觉景观的相容,意味着遗产的改变需要与周围环境和谐融合。如果变化是相容的,那么这些变化也应是同频共振、和谐、敏感、同情、适当、可接受和经过深思熟虑的。为保护脆弱的核心遗产(Nucleus),应在国家文化公园的外围构建一个不可侵犯带(Inviolate Belt)。

(五)建立管理协调机制

与国家文化公园遗产特性相适应的管理体制是整体性保护的实施及其持续的保障。政府作为政策的制定者、实施者与协调者,是规划和建设国家文化公园的主导力量与推进机构。政府主管部门坚定整体性保护思想、坚持整体性保护道路的做法,是建设国家文化公园最坚实的保障。对文化遗产的综合保护需要一个国家或城市创造先决条件,以促进参与者积极加入与社会、文化和经济目标相一致的政策实施和管理过程。

管理协调体制包括跨区域、跨部门、跨行业协调三个方面。国家文化公园的整体性保护首先需要跨区域协调,在完善的顶层设计下建立稳定的组织机构与管理队伍,从中央到地方形成"组—办/局—院—企"的推进机制。其次是跨部门协调,这需要构建更加灵活的国家文化公园领导小组或部门,协调好隶属关系,明确职权归属。最后是跨行业协调,有关部门要统筹文化行业、旅游行业、地理行业等多领域的专家学者及企业,组织相关人员进行有效参与,为国家文化公园的整体性保护建言献策。另外,完备的法律体系可作为整体性保护的行事准则与管理依据,为国家文化公园建起最后一道防线。整体性保护要在全面系统的总体规划下,以具体的法律法规做保障,消除地方性行政壁垒,开启多边合作,不断深入推进整体性保护的工作。

---

① 佟玉权,韩福文,邓光玉.景观——文化遗产整体性保护的新视角[J].经济地理,2010(11):1932-1936.

第三节　长城文化公园的保护

一、长城文化公园保护的经验借鉴

（一）设立管理机构

关于国家文化公园县级管理机构的设置，各省、自治区、直辖市多无明确要求，但重点县多参照国家模式设立了国家文化公园建设工作领导小组和办公室，且多为临时性协调机构。河北迁安市设置了国家文化公园管理的实体机构，是县级城市中的首创。

河北迁安市设立长城国家文化公园管理中心，是国内首个县级国家文化公园建设保护实体管理机构。2020年11月，迁安市国家地质公园服务中心更名为迁安市长城国家文化公园管理中心（以下称"管理中心"），同时加挂迁安市国家地质公园管理中心、迁安市文化旅游发展中心牌子。管理中心为正科级事业单位，隶属于迁安市文化广电和旅游局，中心主任由市文化广电和旅游局局长兼任，经费为财政资金，人员编制16名。迁安市长城国家文化公园管理中心主要负责迁安市国家文化公园的管理、保护和利用，下设综合科、规划发展科、业务指导科、市场开发科等科室。

（二）设立专项资金

在长城国家文化公园建设中，既有针对原有资源保护利用等方面的专项资金，也有专为长城国家文化公园保护利用和建设而设立的专项资金，资金来源渠道包括中央财政专设的补助经费，也包括地方财政专设的保护利用经费等。国家发改委对全国国家文化公园重点建设项目给予2000~8000万元的资金补助；北京市每年长城保护经费约1.2亿元，河北省长城保护专项经费有1500万元。[①]

[①] 李颖，邹统钎，付冰.国家文化公园管理文库 长城国家文化公园——保护管理与利用 [M].北京：中国旅游出版社，2022：94.

（三）设立专项债券

2021年2月，文化和旅游部办公厅发布了关于进一步用好地方政府专项债券推进文化和旅游领域重大项目建设的通知。通知指出要逐步提高各级文化和旅游行政部门的认识，推动专项债券的发行工作，专项债券对于统筹财政收支以及优化政府投资等都具有重要的价值和作用，是目前推动国家文化公园发展的有利抓手。倡导各地积极发挥各级文化和旅游重点项目库的作用，积极做好项目储备和项目谋划的前期准备工作，遵从"资金跟着项目走"的相关原则，建立"实施一批、申报一批、储备一批、谋划一批"梯次发展格局。积极鼓励相关产业的发展，依托产业和市场发展的大趋势，灵活地结合专项债券等手段，统筹谋划和积极布局"十四五"期间的重点项目。

新疆以专项债券的形式投资建设米兰遗址公园。当地文旅厅负责项目的融资与收益评估，编制债券发行方案，监督运营主体规范使用专项债券资金，履行项目建设、运营和维护责任。对米兰遗址开展保护性旅游基础设施建设，传承和传播长城文化、丝路文化与楼兰文化，弘扬民族文化的精髓，促进长城沿线地区文化交流。

二、长城文化公园保护的优化策略

（一）优化管理体制

在行政层面上，成立一个管理委员会，由市委常委、宣传部部长出任管委会主任，副主任则由文旅厅的厅长或党组书记担任。各区由分管文化旅游工作的副区长负责，同时设立办事处主任，作为管委会的成员来共同协调、处理有关问题。并在管委会下设立一些常设机构，可以以事业单位形式存在，还可以设立相关分部门，如对外宣传联络部门、协助管理资金整合的部门等。长城国家文化公园建设工作的推进，需要设立一个明确的管理机构，它能够进行建设项目立项的保护、利用、开发等相关工作。

管理方面要提高站位，由宣传部主管，对工作进行综合性指导，加强对文化旅游及文物的管理、对相关部门的协调。无论是宣传部、文旅部还是文物部门，其接到的行政命令全部通过这一个部门进行对接。该部门要明确具体建设的实施需要怎样的权限，需要怎样的人力资源、物力资源和资金等。对于土地、属地的管理，相关职能人员的统一管理等，都要明确相关措施、规定等。不能允许责权分属不同部门的机构在实施建设时全靠临时协调，或是市里协调、属地协调等一系列协调活动推进工作。要把机构编制资源的优势发挥到最大限度，最终达到优化长城国家文化公园管理模式、提升长城国家文化公园管理效率的目的。

在长城国家文化公园管理委员会下设立实体办事机构，由上级部门对它的职责界限、管理范围、工作权限等做出明确规定。这种双向的管理机构设置有助于提高长城国家文化公园建设及后续工作在内的管理效率优化，管理效果。

关于长城国家文化公园的管理机构，要赋予其足够的行政权力。除了要赋予其应有的行政权力外，还要实实在在地赋予其能够推动建设工作的、调动协调各相关方的掌控权力。

明确分段负责、属地管理的思路。做好顶层设计，根据地方特色统一确立规划标准、立项标准、建设标准等，构建部委间的协调机制，并协调该机制与其他管理体制之间的关系，如协调与风景名胜区、自然保护区的管理条例所规定的管理体制之间的关系。

在文物保护方面，可以通过增加编制或部门借调的方式解决保护、巡查、维修等专业人士不足的问题；同时在保护区内严格管制、严防私搭乱建。在经营管理方面，坚持政府主导、国有企业运营和统筹管理。在运营机制方面，组建大众统筹的、综合协调的建设和管理机制，建立施工委员会等，下设具体办事机构。

长城国家文化公园的建设与管理要紧密依托地方，充分调动地方积极性，结合地方实际，谋求科学发展。对于长城国家文化公园相关工作的推进与监督，要采取一定的业务绩效考核机制，由此加大工作推进力度。

(二) 明确资源划归

关于长城资源的划归与分配问题，要明确责任主体。长城的构成要素分布、权属情况复杂，比如针对长城所属界定不明确、重点区段与非重点区段分层分级不明确、边界长城归属权模糊不清的问题，应当在完善落实当前《文物保护法》的基础上，强化统筹协调，加强沟通合作，以保护长城为统一目标。

针对个别点、段，尝试优化现有的中线划分方法，改用分段划分的方法，科学划定归属，明确某一区段具体的责任单位。无论是文物保护，还是开发利用，都要先确定归属、确定权限、确定范围。

要划定长城国家文化公园的边界，明确职责。对于文旅融合区这类无法划定边界的分区，可以考虑不划边界，而将已有的项目纳入国家文化公园体系。在传统利用区内，为当地民众设置一定的激励机制或补偿机制，使其保持其所在地的原有风貌。

长城国家文化公园建设是国家级项目,在长城资源上,应该实现"一体化",进行统一规划、统一管辖,以推进长城国家文化公园统筹发展。包括各地管理机构的名称,除却地名不同外,其他都应保持一致。长城国家文化公园建设,应该规划出全程公园概念及重点片区概念,做到顶层统筹规划、各区段发挥各自特色、挖掘各自文化底蕴,形成"百花齐放"的局面,甚至是多形态合理竞争,避免引入商业化、市场化而导致"千城一面"。

在推进长城资源一体化的过程中,应注重运用现代科技手段,实现智能化管理。例如,采用信息化的方式,在一个统一的平台上对不同地区或区段的长城、不同部门主要负责的项目等各类信息进行再次储存与监督管理,以提升不同部门之间的信息传递效率和互相协调配合的能力,同时可以增强有关信息在一定范围内的透明度,一定程度上避免信息不明造成的纠纷。

(三) 加大项目体量

长城作为中华民族精神文化的象征之一,一直有着"万里长城"的称号,其在中国人民乃至世界人民心中具有一种代表整个中华民族的整体性特征。长城国家文化公园的相关项目,应把体量建得更大一些,以保证长城国家文化公园的观赏性和完整性。但是仍要基于现实情况,力求准确判断当地的长城区段实际状况和社会环境,在合理的范围内扩大项目建设的体量,避免资源的浪费。

建设过程应当充分利用现代科技手段,尽量减少自然条件带来的不利影响。对开发条件和保存完整度较差的区段,在建设时要注重遵守相关政策法规,协调好与当地有关机构的关系。此外,还可以采取措施促进当地社区参与长城国家文化公园的建设与后续保护,如针对某项目的建设征求当地社区的意见、选派社区居民代表参与项目建设的有关商讨、从社区居民中选择区段巡逻负责人等,都可以增加当地社区居民的参与,为建设长城国家文化公园提供力量。同时可进行关于诸如文旅融合、开发与利用的关系等观念的教育引导和宣传,协调好与当地民众的关系,减轻一些意识层面上的阻力。

第四节 国家文化公园的利用机制研究

一、明确特许人的职责范围

国家文化公园中的经营性内容可通过特许经营制度授予经营者在约定区

域，对约定内容进行经营的权利。国家文化公园管理机构应负责设定特许经营的准入标准和管理要求，并在官网发布各地特许经营项目相关信息。省级国家文化公园管理机构负责本省国家文化公园段落特许经营制度的细化规则制定，并结合本省国家文化公园的资源、环境、发展特色等，明确不同类别经营内容的企业资质要求和经营年限。市级国家文化公园管理机构负责国家文化公园特许经营制度的具体执行，通过竞争程序依法授予符合条件的经营者在国家文化公园内开展经营的权利，就经营活动的规模、期限、内容、限制性要求等事项与经营企业签订合同，将其作为特许经营者履行权利和义务的依据，并对企业的经营负有日常监管职责。

二、开展分级分类特许经营

国家文化公园内经营性项目根据性质可分为两大类，一类是公益性经营项目，如博物馆、国有景区、展示园等；另一类是市场化运营项目，包括住宿、餐饮、商业、交通、休闲项目、活动等。对于公益性经营项目，特许经营标准的设立中应更加突出公益功能、低价或免费、符合公益保护目标、不会对公园造成不可挽回的损害等内容。对于市场化经营项目，特许经营标准的设立主要突出符合公园建立目标、不会对公园保护造成不良冲突或影响、在外观和规模等方面与公园建设相和谐、具有较高品质等要求。

国家文化公园内的经营性项目根据业务特点可分为两大类：一类是长期的、固定类经营项目，如住宿、餐饮、商业、景区等；另一类是短期的活动类项目，指在国家文化公园区域范围内开展的活动，如马拉松赛事、文旅节庆活动、摄影活动、徒步活动等。针对这两类活动的特点，可采取不同的特许授权形式。对于固定经营项目，可采用特许经营形式。但对于经营企业提供的商业服务，需要强调服务于文化公园的使命和游客服务功能，能够适应游客需求，为其带来良好的体验和享受，应能可持续运行且不会对文化公园的资源保护造成任何不可逆的影响，特许经营权的有效期可以相对较长，可以5年为一个周期。对于活动类项目，可通过商业使用授权形式，针对企业、个人、团体等多主体使用公园内的公共区域开展各类活动的授权。商业使用授权的有效期相对较短，可以月为周期，不超过1年。

三、确定特许经营制度的应用范围

《长城、大运河、长征国家文化公园建设方案》提出国家文化公园分为管控保护区、主题展示区、文旅融合区和传统利用区四类功能区。其中管控保护区承担着严格的文物保护功能；主题展示区和文旅融合区是国家文化公园主要的利用区域，也是国家文化公园文化、旅游、休闲、科研等功能发挥的主要场所；传统利用区是发挥国家文化公园区域带动作用的重要区域，其发展可在遵循当地发展规划的基础上依照市场规律办事。[①] 从各功能区的性质看，特许经营制度主要适用于主体展示区和文旅融合区的经营性业务。

四、形成完善的特许经营管理制度

国家文化公园管理部门应制定关于国家文化公园特许经营制度的专门性管理政策，明确特许经营制度的使用范围，不同层级的授权人，主要类别，申请和授予流程，奖励、惩戒及撤销，经费的使用，监管主体，监管责任等，供全国各地国家文化公园管理部门参照执行。特许经营权使用费、商业使用权授权费等相关费用，主要纳入该省（区、市）国家文化公园资源保护资金，用于该省（区、市）范围内的国家文化公园资源的统筹保护，以及公共基础设施、公共服务等方面的完善。

形成特许经营项目年检制度。每年定期审核特许经营、商业授权项目的使用效果，客观评判其是否达到申报时的目标、运营中是否符合国家文化公园的管理要求，对于违规经营的企业给予警告、罚款乃至取消其未来5年申请国家文化公园内特许经营或商业使用权项目的资格。

坚持特许经营制度的本地优先原则。同等条件下，优先选用本地企业、本地居民组织经营国家文化公园内的项目；将特许经营企业雇佣本地居民的高比例作为特许经营企业的加分项，优先选择为本地居民提供更多就业机会的企业；鼓励和支持符合条件的国家公园范围内的原住民参与特许经营。

实施资源差别化利用制度。《长城、大运河、长征国家文化公园建设方案》提出，国家文化公园的建设要因地制宜、分类指导，充分考虑地域广泛性和文化多样性、资源差异性，实行差别化政策措施。目前建设的长城、大运河、长征、黄河、长江五个国家文化公园，均具有跨区域的线性文化遗产特征。线性文化遗产由多个节点组成，在空间、时间和地域上，各个节点所具有的意义各有不同，多个节点共同构成了线性文化遗产的综合价值，资源利用中应根据地域、功能区不同而有所区别。

---

① 吴丽云. 国家文化公园的利用机制探析 [J]. 中外文化交流, 2022 (4): 21-24.

第五节 大运河文化公园的利用制度解析

一、大运河文化公园利用制度基本原则解读

(一) 强化顶层设计

国家文化公园的建设具有投入大、周期长的特点，大运河涉及省份众多，以线性带状形式分布于多个省、市、地区，所跨区域巨大，沿线社会经济发展水平相差巨大，文化公园建设水平参差不齐，很难全部同时展开建设，应分区域协调推进建设规划。

建设大运河国家文化公园，要以习近平新时代中国特色社会主义思想为指导，全面贯彻党的二十大精神，强化顶层设计、跨区域统筹协调，坚持保护优先，注重文化传承，突出大运河文化属性和综合功能，多渠道、系统性传承大运河优秀传统文化，丰富人民群众的精神文化生活。

大运河国家文化公园的全局规划应该对标国家顶层公园建制，坚持国家利益第一，展现国家形象，彰显中华文明。具体而言，要强化总体设计，突出大运河文化的活化传承和合理利用，强调跨区域的统筹规划，创新文化公园利用模式，促进大运河优质文化资源的整体开发。通过国家层面定位，省域规划对接，城市规划落地，以大运河文物和文化资源保护传承利用为引领，优化城乡文化资源配置，打造大运河璀璨文化带、绿色生态带、缤纷旅游带，全方位展现大运河文化的深厚内涵、文化价值和鲜明特色，统筹协调大运河沿线地区的社会和经济发展，形成区域文化经济发展新模式，资源共享、优势互补、合作共赢、共谋发展、惠益全民，打造高质量文化建设的鲜明标志和闪亮名片。

(二) 兼顾整体与特色

首先从宏观层面认识与挖掘整体的共性及沿线各地的差异，解读它们背后的核心价值，形成一个时空连续且内在丰富的文化生态系统。其中关键要处理好整体性展示与特色性体现的关系。大运河时空跨度长，地域面积广，蕴含着极其丰富的文化遗产，历史价值高，承载着中华民族的智慧，彰显出独特的人文精神，是国家文化形象标识中的重要组成部分。沿线各省市对大运河国家文化公园的保护传承利用应从体现国家水准和展示国家形象出发，各省市应紧紧

围绕大运河文化资源的优势和特点,加强整体谋划,从总体规划上要体现出国家文化形象和兼顾带状文化产业的整体性,又要考虑省际差异性和塑造区域个性,以文化为引领推动区域协同共进发展,打造大运河成为中华文化的重要标志。

最后处理好大运河沿线营利性景区与非营利性公园间的关系,建立大运河国家文化公园的非营利机制和市场化机制并行的"一园两制"① 模式,积极打造优秀样板,发挥示范引领和辐射带动作用,探索可借鉴、可复制、可推广的成果经验,从而实现大运河文化由点及线、由线及面的有序推进和全方位文化基因传承。

(三) 构建多元利用体系

大运河文化的传承利用,要贯彻文化引领、保护第一的理念,突出保护文化遗产历史的客观性和风貌的完整性。在无损资源的基础上,进行传承和利用,贯彻在保护中传承利用、在传承利用中创新发展的基本原则,依托现代科技手段,注重创新设计,突出创造利用,倡导和鼓励运河沿线文化创意产业发展,提高展示方式的多样性和交互性,增强展示设计的感染力和参与的趣味性,立体、多维地呈现大运河的深厚文化积淀和内涵,打造大运河国家文化公园形象,增强国民的文化认同感。

二、大运河文化公园利用制度整体路径分析

(一) 延长产业链

构建以"大运河文化"为主题的文化产业链,需要在规划当地文化产业战略布局、推动文化企业兼并重组与改革创新的基础上,培育龙头骨干企业,发展中小企业,实现重点企业、上下游相关配套企业协同发展,调整产业链结构、优化产业链布局和壮大文化产业链规模。

在内容上依托大运河的核心文化要素,加快培育文旅新型业态,开发新题材、新类型文旅产品与服务,丰富优质文旅产品供给;在产业布局上,充分调动和发挥沿线城市的积极性,激活各类市场要素,在培育产品与服务设计研发的创意主体的同时,还要丰富市场主体构成,壮大文旅业务、互联网产品开发、推广营销等市场主体力量,夯实产业融合基础和动能,科学合理设计和规

---

① 邹统钎,刘柳杉,陈欣. 凝练大运河文化 构建流动的国家精神家园 [N]. 中国旅游报,2019-12-24.

划大运河经济带的空间布局和业态布局，不断提升产业竞争力。通过组建文化设计、技术制造、传播推广等上下游企业参与的联盟，推动从"泛娱乐"到大运河文化产业链"新文创"，实现文化产品与内容的创新，促进出版、设计、影视、康养、旅游、体育、音乐、信息、科创等各类经济业态和文化创意企业的内涵式发展，从而形成一个以"大运河"为主题的完整生态闭环。

(二) 创新营销渠道

1. 搭建运河文化国际交流平台

充分发挥大运河重要节点城市对外连接和窗口作用，推动运河文化走向全国走向世界，力争在全世界传承和弘扬中华优秀传统文化。建立大运河沿线各省市联动机制，发挥地区优势和文化优势，共同开展大运河国家文化公园的宣传推介，将运河精神弘扬到国外，推动全域项目合作、政策联动、区域协同，打造一批运河文化展示园和运河文化精品，积极参加世界运河大会、世界运河城市论坛等国际会议，构建全方位、多层次、宽领域的运河文化"走出去"格局。

杭州市在加强运河文化国际交流方面，积极搭建平台，整合各类社会资源，鼓励和支持文创企业积极参加海外文化活动，进行现当代艺术、文化创意、广播影视、出版发行、工艺设计、数字传媒、动漫制作、休闲娱乐等方面的对外交流，积极拓展海外市场，提升运河文化格局影响力，将大运河建设成为传播中华优秀文化的前沿窗口。

2. 讲好讲活运河文化故事

充分挖掘大运河文化内涵和艺术资源，加大主题艺术创作力度，利用互联网平台，建设大运河国家文化公园 App、微信公众号、专题网站等，完善日常性运河文化宣传推介体系；强化大运河文化文艺精品的传播与推广，创新文艺作品和精品的创作机制和创作规划，积极推进各类文艺作品的内容和形式创新。注重舞台艺术、影视剧、纪录片、网络文艺等各类艺术作品的创作，积极探索艺术作品在传统与现代、继承与创新中的融合发展。同时，充分利用现代传媒手段，整合资源，借助博物馆、图书馆、文化馆、传习所、非遗展示馆等场地，系统整理大运河现有的小说散文、音乐戏曲、书法美术、诗词楹联、宗教文化、民间故事传说等文化经典，多形式多渠道地开展大运河专题推介、展演、展播和展映等宣传展示活动。

例如山东京剧院推出思想性和艺术性相统一的艺术精品京剧版《大运河》；安徽宿州倾力打造的大型原创梆子戏《风涌大运河》则用非遗讲非遗故事，颂扬了中华民族勤劳刻苦、坚韧自强的不朽精神，以历史正剧的形态登台长安大戏院；杭州歌舞剧院创作的大运河文化遗产传播剧《遇见大运河》，展示了运河文化的灿烂，力求用文化遗产这一世界语言讲好中国故事，创意独特，制作精良，不仅艺术地展现了大运河的历史风貌，而且强烈地表达了对传承、保护文化遗产的现实思考，承载了文化遗产传播的社会功能，搭建起东西方交流沟通的桥梁。① 这些创作不是简单的舞台剧，而是立足于深远博大的千年运河历史文化，通过采风、展览、座谈、行为艺术等多样化手段诠释和再现的运河文化，在巡演过程中，借助创作和演出达到了系列化的特色鲜明的运河文化遗产推广效果。

3. 完善运河文化传播载体建设

在新媒体时代，运河文化的传播和推广需要加强新时代媒体融合，聚力打造建设一批具有强大影响力和竞争力的新型主流媒体，建立线上线下相结合、传统与新型相统一、对上对下与对内对外兼顾的新媒体集群，形成多形式一体联动的立体化融媒传播体系，让大运河文化借助新的表达方式焕发夺目光彩。按照可移动文物主题展、不可移动文物虚拟展、非遗文物活化展的工作思路，建设和改造有关大运河文化博物馆、遗址公园等标志性展示载体，推进大运河"互联网+"进程，建设一批新的文化展示场馆，丰富古运河文化展示馆功能，提升数字化展示水平。开展丰富多彩的运河主题文化活动，以文化旅游、非遗展示、戏剧表演、文学创作、摄影美术、工艺设计等为主题举行大运河文化节、运河文化旅游博览会等，努力打造运河超级IP。依托重大时间节点，开展大运河文化遗产的专题宣传和大运河传统文化主题展示和传播活动，策划推出富有特色的运河文化带项目，让运河文化发扬光大。同时也可以推动大运河传统文化元素进社区、进校园、进企业，建设若干大运河传统文化保护基地。

（三）推行"文化+"发展模式

在文化引领创新发展的时代，大运河作为世界文化遗产，应充分利用大运河"文化+"的优势，深化相关产业融合、传承创新利用，实现与沿线各地区遗产资源的优势互补、相互支撑和融合发展。

1. "文化+旅游"，让文化活起来

文旅融合是大运河国家文化公园活化利用资源的重要路径。大运河沿线拥有种类多样的文化旅游资源以及数量众多的非物质文化遗产，这为沿线各地旅游业的发展提供了非常有利的条件。在保护传承各类文化遗产资源的同时，要

---

① 吴丽云，吕莉，赵英英. 国家文化公园管理文库 大运河国家文化公园 保护管理与利用 [M]. 北京：中国旅游出版社，2022：121.

积极促进文物资源、文化遗产和非物质文化的活化利用，加强与旅游业的融合发展，促进历史文化保护与现代城市功能的有机统一。大运河文化资源的活化利用，要在不影响重要文物和文化资源保护的前提下，系统梳理大运河文化脉络，提炼核心文化元素，结合当地实际和比较优势，在大运河历史文化遗存的保护利用中，打造有衍生价值的文旅项目，将历史文化生动地融入城市发展和生活当中。通过培育文化和旅游融合新业态、新产品，策划、设计和打造文化旅游、乡村旅游、研学旅游、红色旅游、生态旅游等运河精品旅游线路和非遗主题精品线路，推出华夏历史文明体验游，积极扶持文化创意产品开发，创新文化演出类项目，加快培育数字文旅新型业态，在沿线建设集传承、体验、旅游功能于一体的非遗传承体验设施，推动旅游演艺、特色民宿等高质量发展，塑造优质的运河沿岸城市形象，培育文旅融合精品线路和系列品牌，打造运河城市、运河旅游、运河产品、运河节庆等品牌体系。文旅融合的新成果，深入、多维传播、传承、活化文化遗产，让文化资源和文化遗产焕发新的活力。

2. "文化+创意"，打造"创新运河"

开拓运河文化创意项目。加快创意设计、文化信息服务等文化创意产业的发展，萃取大运河文化特质和创新载体，创新发展工艺美术、创意设计、文化娱乐、文博旅游、休闲娱乐、广播电视等文化产业，推动文化产业与旅游、科技、体育、农业、工业等相关产业深度融合，打造运河文化创意产业聚集区，助力区域经济高质量发展，在提升传统和深化创新中培育新的文化消费市场，打造生机勃勃的"创新运河"。

江苏省在推进运河文化创意和相关产业融合发展进程中，制定了《大运河江苏段文化产业带建设五年行动计划》，明确了大运河文化产业的发展空间和方向。以千年运河文脉为主轴，充分运用旅游娱乐、文创文博、生态农业、动漫游戏、文学艺术、体育休闲、影视演出等产业形态，推动运河文化创造性转化、创新性发展，加强运河特色文化产品建设推广，提升文化创意和设计服务水平，推动跨界、跨省、跨市融合，协同打造大运河文化国际品牌，建设国内领先、国际知名的大运河文化旅游、文化创意产业带。

建设运河文创发展平台。利用运河沿线进行产业重塑的发展机会，将大运河文化创意设计元素赋能老园区的改造、激发产业活力，通过采取规范园区管理体制、优化商业模式、完善产业链、构建创意生态系统和强化公共文化服务体系等一系列推动老园区提质升级的措施，努力打造汇聚青创、艺术、设计、商业、旅游等元素的文创综合性平台。鼓励运河沿线各社区、各街道系统梳理和深入挖掘当地的历史文化资源，利用工业遗存及部分留用土地来新建带有记忆性元素的全新文创园区，带动老厂区、老街区涅槃重生，打造文化消费升级新空间。在此基础上集中打造具有运河风情、国际水准特色的创意精品园区，形成新的特色产业带，树立运河文化创意品牌，为运河文化发展增添新动能。

打造大运河文化IP。大运河文化是中华民族的标志性文化符号，它承载着历史连接着未来，蕴藏着中华民族悠远绵长的文化基因和历久弥新的精神力量。依托文化产品创意，打造大运河文化IP，创新大运河文化传承利用方式，让大运河文化流淌起来，让承载民族记忆的文化遗产融入当代生活并得以活态传承。围绕大运河及运河沿线文化，以文化遗产保护利用为抓手，开发与丰富文化创意衍生品、加强文创产品的营销推广，倡导大运河文化创意衍生品打造精品，推进博大深厚的大运河文化创造性转化、创新性发展，让"大运河"活在有灵魂的文创产品中并融入生活美学，有助于推动大运河文化带文化遗产再现新活力，融入当代美好生活。

3."文化+科技"，发展新型文化业态

发展数字创意产业等新型文化业态。完整的产业链、丰富的原创性、体验的多元化，是现代文化创意产业发展的重要特征。大运河国家文化公园的建设，应加强文创产业与高科技的融合，利用技术革新，推动大运河文化与互联网、大数据、人工智能、VR等高新科技深度融合，实施数字化战略，大力发展数字创意产业等新型文化业态。同时，在"互联网+"的网络新思维的指引下，实施"文化+互联网"行动计划，将互联网的创新成果深度融合于文化产业的生产、存储、传播以及消费过程，依托互联网创新商业模式，推进传统文化产业的转型升级。

提高运河文化遗产数字化监管、展示水平。通过云计算和大数据，注重历史真实性和遗产原真性，利用人工智能、3D仿真技术和虚拟现实等众多现代化的科技手段，加强运河沿线遗产范围、线型格局及重要遗产点展示。加快发展数字媒体、数字出版、网络试听等拥有高技术含量的新业态，构建多维展示格局、健全综合展示体系、丰富展示体验方式，多维度、全方位、立体化地展示遗产生动的原貌，提高运河文化资源的展出率和效果，借助AR、VR、AI技术增强参观者对文化资源和文化遗产的深度了解、感知和体验，采用"科技+艺术+文化"的多样化手段，提炼运河文化抽象化、符号化的元素，让观众在极具视觉冲击力的空间中沉浸式体验运河文化。杭州积极创新"互联网+文化遗产"展示模式，建设数字博物馆，充分利用新一代博物馆虚拟现实展示技术、人机交互体验技术等现代科技手段，提升杭州京杭大运河博物馆等场馆大运河文化遗产展陈水平。江苏省基于GIS、3D、大数据、虚拟现实、人工智能等现代信息技术，建设大运河国家文化公园数字云平台，构建集管理监测、文化研究、展示传播、学习教育、休闲娱乐等为一体的服务平台。该平台包括大运河文旅对客户服务端、大运河数字博物馆群、大运河文化 IP 集研发和交易、大运河线上文化艺术展陈、大运河非遗数字化展示和利用、大运河研学、大运河美食、大运河文化短视频聚合展示、大运河文旅企业的数智化赋能、大运河线下服务体系的标准化管理 10 个方面的应用体系。

第六章　国家文化公园与旅游产业的融合发展研究

在我国"文化强国"战略的深入推行下，国家文化公园的建设也如火如荼地展开。近年来，国家文化公园的建设逐渐进入高速发展阶段，呈现出文化产业与旅游产业相融合的发展态势。为了进一步助力国家文化公园的发展，使国家文化公园在营造良好文化氛围的同时，带动旅游经济的提升，本章将从产业融合的角度，对国家文化公园与旅游产业的融合进行深入剖析。

第一节　产业融合概述

一、产业融合的概念

美国学者罗森博格（D. Rosenberg）在对美国机械工具业演化进行研究时第一次提出产业融合的概念，关于"产业融合"的讨论已持续了几十年。对产业融合的概念不妨从词义角度切入。

所谓融合最早源于科学领域，对应的英文单词即"convergence"。在早期，美国传统词典中，甚至是现代英汉综合词典中都有对"convergence"的解释，主要是指会聚或汇合点。但在数学中，就"convergence"一词的解释则是接近某一极限的性质或方式。在中国内地，甚至是 CNKI 科研诚信管理系统研究中心中，"convergence"一词就有4种翻译，而其动词形式又代表从不同方向汇聚到一起。"convergence"不管是在中文中，还是在英文中，都有多个义项。

尽管如此，融合一词在特定意义上其含义都会相对一致，主要指的是将不同的两个或多个事物汇合为一体，如技术融合或产业融合。倘若以分工的角度去分析融合一词，其指的是原本有两个或多个人，或者是两个或多个组织，其共同完成的事情，但现在却需要一个人或一个组织去完成。因此，所谓的产业融合，通常是指产业内分工的一个过程或结果，是产业间分工内部化的转换，换句话讲即对产业间分工的转变。

二、产业融合的性质

就其理论而言，产业融合就是产业间分工实现内部化。

首先，将产业间原本不同的产业对应不同的资产体系，在这些体系之间不仅能实现兼容，还可以通用。

其次，是将原本单一的经营逐渐转变为融合意义上的多元经营，或者说是不同产业之间的分工变得模糊。但往往原有的产业是企业中的大多数产业，也可能是具有较大产业影响力的代表性企业的产业，当将原本不同产业之间进行分工时，这些企业就会逐渐趋于融合，继而不断拓展自己另一方产业的经营范围，此时这些产业的专业化程度也会随之降低，逐渐转化为同一产业中企业之间的分工，或者是企业内的分工。

再次，事实上，融合本身标志着竞争，但其结果不仅仅局限于竞争。即便是原本不同产业的企业在进行融合时，或多或少都会发生一定程度的业务交叉，或是市场竞争现象，但竞争仍旧不断促进融合。

最后，尽管很多产业已经实现融合，但依然会有分工的存在。就此，传统产业组织在一定程度上，只要修改相应的产业或市场范围界定，就可以分析它们之间的竞争与垄断态势。此外，当原有业务与融合创新业务之间进行分工时，可以将其视为一种特殊类型的融合，是融合企业内部出现的新分工。也就是说，不管是社会内分工，还是市场内分工，实质都是为了转化成企业内的分工。

所谓横向兼并，通常是为了获得规模经济并占有更大的市场份额，但值得一提的是，产业融合并不等于横向兼并，横向兼并通常会发生在同一个产业内部，但融合必须发生在产业之间。也就是说，在统一市场区域内，或者是同一生产经营阶段，横向兼并是从事着同样经济活动的企业间兼并。由此可见，尽管产业融合并不代表横向兼并，但融会也有少数会发生在市场重叠中的不同产业之间，有时候也可能是发生在同一个大产业内部客户对象紧密相关的子产业之间。通常情况下，在现实生活中的某些融合有可能会直接采用横向兼并的方式来加以实现。

所谓纵向一体化，其主要目的在于控制该行业中的原料供应，或者是生产与产品销售的全过程。对于产业融合而言，从事同一产品或者不同生产阶段生产经营活动企业间的兼并，也就是纵向一体化，并不代表产业融合。有时候，尤其是前后关联产业的融合，即便是可以视为纵向一体化，但由于在产业之间并没有发生前后生产步骤的衔接,且其关联性相对较弱,因而其只不过是混合型融合,并不能算是真正的纵向一体化。由此可见,在同一产业内,可能发生在不同工序与生产阶段之间的即纵向一体化,其同样也可能发生在前后关联的产业之间。

在产业融合当中,倘若从企业角度去审视,通常将发生在高新技术产业与传统产业之间的称为混合融合,其一般还会发生于制造业与服务业之间,主要表现在某种多元化经营当中。[1] 通常多元化经营的主要目的在于怎样寻找新的利润来源,或者是怎样分散风险,再或者是怎样合理避税等,而绝非为了怎样与其他产业进行融合,继而从中获取相应的融合利益。在现实经济生活中,多元化经营并不是产业融合的一种表现,尽管有很多企业正进行多元化经营,但通常这些企业的业务范围与多种产业的企业之间存在一定程度的竞争,横跨数个产业。例如,当一个相对较大的房地产公司要收购一家同样大的食品企业的时候,并不代表这两大产业就此融合。

由上述阐释可以看出,在产业融合的范畴之内,并不是说所有的横向兼并或纵向一体化,甚至是混合兼并,都可以被容纳在内,即便是在产业融合当中存在某些这样的情形,但关键在于,不管是对于横向兼并而言,还是对于纵向一体化而言,甚至是对混合兼并而言,产业融合只不过是一种表现形式。只有大多数企业之间,或者是数量虽少但却具有强大的产业影响力和代表性的企业之间发生了各种融合行为,出现了各种融合形态,才能据此认为是产业融合的发生。

三、产业融合的动因

(一)产业发展的内在规律

人类社会的发展离不开其客观规律,产业的发展也必然要遵循经济发展的一般规律——"看不见的手"。在产业发展过程中,产业种类越来越多、产业组织越来越复杂、产业边界越来越模糊、产业间的作用和影响越来越大,直至产业融合的出现,都是产业发展的内在规律所决定的。产业结构有着从低级向高级的演进规律,随着经济的发展,产业结构总是趋于不断优化,而产业融合正是产业结构优化的重要途径。

在产业发展过程中,非物质部门的产业逐渐向物质产业部门渗透,融合率越高,对经济发展的促进作用越强,如资金密集型产业与金融服务业相互融

---

[1] 王拱彪. 贵州体育与养老产业融合发展研究 [M]. 北京:科学技术文献出版社, 2019: 120.

合，装备工业与物流业相互融合，技术密集型产业与科技、教育产业相互融合等。产业融合的内在动因是产业发展的内在规律，是人类社会经济发展的必然结果，是一种必然的经济现象。

(二) 技术的创新

技术创新开发的替代性或关联性的技术、工艺或产品，通过渗透、扩散融合到其他产业之中，或者改变了原有产业生产的技术路线，或者丰富了原有产业经营的内容和形式，使得不同产业之间具有相似的技术基础和共同的技术平台，因而出现了技术融合的现象。同时，原有技术通过与其他技术的融合又能够产生新的技术，新的技术通过扩散和应用进一步推进技术融合。

技术创新扩散和溢出的过程，加速了不同产业之间的技术融合，其主要体现在以下几个方面。第一，一个产业的技术创新扩散到相关产业，并对相关产业的原有技术进行改造，与原有技术融合而产生新技术，使得相关产业的技术水平得到提高。第二，一个产业的技术创新扩散到相关产业之后，相关产业的技术升级也会反作用于该产业，技术融合也是必须和必然的。第三，与一个产业的技术创新过程相伴随的市场需求状况、特点及趋势等信息的溢出，会被其他产业利用，推动技术融合。

技术创新在不同产业之间的扩散导致了技术融合，技术融合使不同产业形成了共同的技术基础，并使不同产业间的边界趋于模糊，最终促使产业融合现象产生。

技术创新在不同产业之间的扩散导致了技术融合，而技术融合使不同产业之间的成本结构、生产技术和工艺程序等变得十分类似，从而形成不同产业间通用的技术平台，技术的通用性消除了不同产业之间的技术进入壁垒，最终导致产业间生产方式和技术边界趋同。

(三) 企业内部因素

1. 竞合关系

合作竞争又可称为协同竞争，是企业之间在双赢的基础上建立的"在竞争中合作、在合作中竞争"的关系，即所谓的"竞合关系"，通过企业间有意识的相互合作去得到由原来的独立竞争所不能获得的经营效果。在合作竞争理念的指引下，实业界逐渐突破了产业分立的限制，使不同产业或同一产业的不同部门得以寻求交叉产品、交叉平台以及收益共事的交叉部门。[1]

---

[1] 周杰. 产业融合 [M]. 长春：吉林人民出版社，2019：65.

同一产业内部不同企业间的合作只是使企业的规模扩大，而不同产业间企业的合作则是产业融合的组织基础。企业之间通过竞争与合作，更多的资源能在更广阔的范围内得以合理配置和利用，生产出来的产品或服务也将会更具有竞争力。所以，企业间的竞争合作关系是产业融合的企业动因。另外，产业融合化发展，可以突破产业间的条块分割，加强产业间的竞争合作关系，减少产业间的进入壁垒，降低市场交易成本，提高企业生产率，最终形成持续的竞争优势。

2. 追求效益

企业的价值往往是通过其效益体现出来的，只有赢利多了，才有充足的资金获得更多的投资机会，扩大其生产规模和经营范围。不同产业中的企业为追求范围经济而进行多元化经营、多产品经营，通过技术融合创新改变了其成本结构，降低了其生产成本，通过业务融合形成差异化产品或服务，通过引导顾客消费习惯和消费内容实现市场融合，最终促使产业融合化。例如，金融企业同时生产几种产品的支出比分别生产它们时要少，此时就存在范围经济。

当然，并不是某几个企业为了追求效益而进行多元化经营就会产生产业融合。当个别企业的跨产业多元化经营的经济效益显著时，才会有产业内的其他企业跟进。跟进企业跨产业经营的方向趋同时，产业融合才有可能发生。产业内大多数企业都出现内容趋同的跨产业多元化经营时，产业融合才能完成。

3. 追求效率

企业在竞合发展过程中，也不能光谋求收益而不追求效率，如果某个企业光注重规模和范围而效率低下，这种企业也不能长久生存。在追求效率的过程中，某一个产业内的企业可以在产业融合过程中采用其他产业的先进技术为自己服务。

企业不仅要追求产量，更要追求效率，并不断开发、学习新的技术，把它融合到更广阔的范围之中，它们可以将固定成本分摊到更广泛的产品上，它们可以利用自身的分支机构和其他销售渠道以较低的边际成本销售附加产品，通过多方面的收获来及时应对外界环境的变化和挑战。

(四) 市场需求的扩大

市场需求的扩大是产业融合的推动力。随着社会经济的发展，人类的需求在不断提高，人们往往追求更加方便快捷、满意舒适、低成本高效率的消费方式，这种无止境的需求使得企业不断谋求创新发展。随着技术不断创新和扩散，产业融合不仅出现在通信业，金融业、能源业、运输业的产业融合也在加速进行之中。近几年，文化创意产业、旅游产业、教育产业等新兴产业与传统产业或高科技产业的融合发展也越演越烈。

技术创新改变了市场的需求特征，给原有产业的产品或服务带来了新的市场需求，反过来，市场需求的扩大又会进一步促进产品的创新，为产业融合提供了市场空间，使产业融合在更大范围内出现。另外，物质财富的极大丰富和生活水平的不断提高，使人类的消费方式和消费观念发生了巨大变化，消费者已经从工业经济时代注重物质财富的占有性消费，转变为知识经济时代注重解决问题的服务性消费。

第二节 文化产业与旅游产业的融合发展

一、文化产业与旅游产业融合的形成机制

研究文化产业和旅游产业融合发展的形成机制，就是研究文化产业和旅游产业融合为什么会产生、其融合发展的条件和动因是什么等内在规律性问题。通常情况下，对文化产业与旅游产业融合发展的形成机制的研究主要从两个角度展开：一是从产业价值链角度进行分析研究，二是从产业融合发展模块化的角度展开。综合国内外学者研究成果，结合本节研究目的，本节主要对文化产业和旅游产业融合发展形成的基本条件和动因进行归纳。

（一）文化产业和旅游产业融合发展的基本条件

文化产业和旅游产业之间有较强的关联性。这种关联性主要表现在：一是文化产业和旅游产业之间的资源要素具有互补性，使得产业之间能够通过产业要素资源的重新组合，形成产业链延伸或催生新业态的产生，进而创造新的服务产品、产业链条和价值增值；二是产业之间有着共同的市场契合点，使得企业能够通过有效的市场整合，适应市场需求的改变，从物质和精神需求两方面同时满足个性化、多样化、多层次的消费需求；三是产业之间边界比较模糊，产业之间相互渗透性强。文化产业和旅游产业融合发展应处于技术革新和产业变革的动态进程中。这种动态进程主要特征表现在：一是社会经济发展到一定阶段，两大产业的融合发展要以其他产业经济发展为基础；二是整个社会经济领域不断产生的技术革新和产业变革对两大产业自身发展形成外部压力；三是文化产业和旅游产业自身发展到一定规模和阶段，经过了产业知识能力或要素能力的积累，具备对原有商业模式和业态进行改造和革新的条件。

文化产业和旅游产业融合发展得到政策体制环境的支持。政策体制环境支持是两大产业融合发展的重要外部条件和保障，主要包括两方面：一是政府对经济管制的放松，产业准入的限制性条件减少，降低产业壁垒，使产业或行业之间的渗透、交叉、融合成为可能；二是政府重视和支持两大产业的融合发展，通过出台相关政策，并形成有效的引导体制和机制，促进产业融合发展。

（二）文化产业和旅游产业融合发展的主要动力

1. 市场需求拉动

人们对文化和旅游产品及服务需求的不断提高是两大产业融合发展的内生性动力。从消费者的角度看，随着社会经济快速繁荣发展，文化和旅游消费者的消费需求越来越朝着多元化、组合化和情感化的方向发展，消费能力大大增强，消费层次多样化，导致整个消费市场的规模明显增长，同时，消费者对消费品质从有形向无形拓展的趋势，大大强化了产业之间关联性。

2. 经济利益的驱动

在文化产业和旅游产业日趋激烈的市场竞争中，企业为谋求发展，不断扩大各自的经营范围，在追求范围经济的驱动下，企业通过跨产业、多元化经营降低生产和服务成本，或形成差异化产品和服务而提升竞争能力，通过文化产业和旅游产业之间所拥有的市场契合点，推动企业从竞争关系转向合作关系。同时，这种产业融合趋势能够从物质需求和精神需求两方面同时满足个性化、多样化、多层次、高品质化、休闲体验式的消费需求，这是两大产业融合的根本动力。

3. 技术进步和创新

产业融合作为一种产业发展的重要形式，就是以提高企业的劳动生产率和核心竞争力为目的而出现的。旅游产业和文化产业对技术的进步和创新有着天然的适应性，技术的进步创新和应用推广必然对旅游产业和文化产业融合发展起到了举足轻重的催化作用，为两大产业融合提供了一个更加广阔的平台。

二、文化旅游融合发展的主要模式

（一）延伸型融合发展模式

该融合发展模式是借助产业间各类活动的功能互补，实现价值链活动环节向另一产业渗透和延伸，进而打破各自产业的边界，最终实现产业的融合发展。它本质上是通过产业融合寻求打破原有文化产业在文化资源的吸引力、文化服务设施和市场规模方面的制约，或原有旅游产业在文化资源方面底蕴不足的制约。根据旅游产业和文化产业在延伸融合发展中的方向性，可将延伸型融合模式进一步分为两种：旅游产业向文化产业延伸融合发展模式和文化产业向旅游产业延伸融合发展模式。

1. 旅游产业向文化产业延伸融合发展模式

这种模式的融合发展中，旅游产业占据主导地位，主动向文化产业延伸发展。旅游产业向文化产业延伸融合发展，一方面能够增加文化产业园的经济收益，加快成本回收；另一方面大量游客的到来，有利于文化产业园人气的聚集，有助于品牌效益的形成和市场知名度的提高，推动文化产业更好的发展。它主要表现为通过旅游产业向文化产业延伸发展，把文化产业中蕴藏的旅游吸引力充分发挥出来，以文化产品生产基地、文化产业园等为空间载体，赋予和实现其旅游功能，在完成两大产业间的功能互补的基础上实现两大产业的融合发展。[①]

2. 文化产业向旅游产业延伸融合发展模式

该发展模式是指当地政府或旅游企业利用各种科学技术、制作手段及表现手法，将文化元素引入传统的旅游产业中，以旅游资源为载体，营造出文化的氛围，促进了两大产业的共同发展。它所依托的旅游景点本身就具有一定的知名度，也有一定的旅游产业基础，但通常缺乏良好的收益模式，对门票收入依赖过大，不利于旅游业的可持续发展。文化产业的介入，增加了众多的文化创意项目，提升了旅游景点的文化内涵和对游客的吸引力，能够有效增加游客的逗留天数，取得良好的经济效益，推动了旅游业的持续健康发展。

(二) 重组型融合发展模式

该融合发展模式是将旅游产业与文化产业的原有价值链解散，形成一种混沌的状态，然后通过新的价值构造通道将各自价值链中的核心环节重新组合，形成一条全新的价值链，实现产业的融合发展。

这种融合发展模式主要表现为产业融合发起者通过搭建新的产业活动或商务平台，并以该平台为基础，将原有的文化产业和旅游产业中的子产业产品和服务进行重新组合，并以产品和服务开发、组织管理、业务流程、技术实现等创新为主要手段，实现为新的产业活动和商务平台提供产品和服务的产业融合发展过程。例如，节庆和会展是实现旅游产业与文化产业重组融合的纽带，在产业活动重组的基础上实现了两大产业的融合发展；电子商务的旅游在线平台

---

① 贵州省第三次经济普查领导小组办公室，贵州省统计局. 贵州省第三次经济普查研究课题报告选编[M]. 北京：中国统计出版社，2016：133.

通过线上线下整合文化产业和旅游产业的子产业提供的产品和服务，实现了文化产业和旅游产业的融合发展。

（三）渗透型融合发展模式

该融合模式是借助技术创新或管理创新，将原本属于旅游产业或文化产业的价值链环节部分或完全地渗透到另一产业中，促使它们相互交融，形成旅游产业与文化产业融合发展的新旅游文化产业或文化旅游产业形态。与延伸型融合发展模式类似，根据渗透的方向性不同，可将渗透型融合发展模式分为以下两种：一种是旅游产业向文化产业渗透发展模式，另一种是文化产业向旅游产业渗透发展模式。

1. 旅游产业向文化产业渗透发展模式

这种发展模式主要是利用旅游景点的知名度来开发文化产品，最为典型的是旅游景点与网络游戏的结合。网络动漫业是文化产业的组成部分，随着网络的兴起而发展起来，它使用动漫的制作技术、表现手法及虚拟现实技术，将真实的旅游景点（包括人文古迹和自然风景）加以虚拟化和动漫化，促使旅游与文化的交互融合，旅游景点借助动漫业的传播方式获得更广泛的传播，动漫业则将真实的人文或自然景观作为游戏场景的现实载体。两者相互交融，取得了良好的效益：静态旅游产品的动态化和游戏化发展，使得景点产品的内容更加丰富、对游客更具吸引力；真实旅游景点的介入使得游戏产品更具真实体验性，同时也可借助旅游景点的市场知名度提高游戏的吸引力和传播效应。

2. 文化产业向旅游产业渗透发展模式

这种融合发展模式一般是拥有强势文化符号的先行企业，利用其产品的文化内容优势和市场传播优势，借助技术和管理上的创新突破文化产业的边界，开发出各类富含文化主题内涵的旅游产品，推动旅游产业与文化产业的融合发展。这类融合发展模式最具代表性的是以迪士尼乐园、锦绣中华为代表的主题公园。

三、文化产业和旅游产业融合发展的策略

创新是文化旅游产业的显著特征，文化产业和旅游产业融合发展应走资源整合与创新发展之路径。

（一）生态文明理念引导文旅融合

发展文化旅游产业，最大的价值是生态造就的历史文明，最大的责任在于生态保护和文化延续，最大的潜力在于生态环境的保护和文化的再创造。聚焦生态文明建设，实现资源的永续利用，有利于建设优美舒适的居住环境，能有效改善人民群众的生活质量。

河南新乡百泉湖和卫河的生态变迁说明生态环境的变化直接影响历史文明的兴衰。清代乾隆年间修砌的百泉湖，"太行山中的各道水系沿着万仙山的石隙缝间向东挤压到达苏门山时，从山南麓的石窦中向上喷涌而出，形成了如金似玉的百泉湖"[1]，湖中泉眼上百处，并因此而得名。苏门山是太行山的一道支脉延伸而形成的一座山头，山与湖相映，魏晋名士孙登，北宋理学家邵雍及弟子程颐、程颢，清初的孙奇峰等学者名流，先后聚于此授徒讲学、传播文化，成就了百泉书院。百泉书院"对中原文化的发展所做的贡献也是不可低估的"[2]，这里的古建筑群和历史人物遗迹成为新乡重要的文化资源。卫水的源头就是百泉湖，作为河南省新乡市唯一一条北上的河流，航运十分繁荣，造就了新乡一带经济和文化的繁荣。但是，随着生态环境的变迁，百泉湖枯竭，百泉、苏门山、卫河的辉煌文化渐渐流逝。

历史证明，生态环境影响着文化的发展变迁，文化旅游产业在未来的发展中，必须重视生态环境的建设与保护。因此，在发展文化旅游产业时，应加快推进生态文明顶层设计和制度体系建设，建立生态文化旅游可持续发展的长效机制，将生态文明理念贯穿文化旅游发展的各个环节，让我们的天更蓝、山更绿、水更清、环境更优美。

(二) 立足特色文化资源，塑造品牌文化旅游产品

"与其他资源相比，文化资源本身并不具独占性，也不具备属地原则。也就是说，拥有资源并不代表能够占有资源。尤其是无形文化资源、活文化资源。"[3]因此，进行资源整合，塑造文化旅游精品，实现文化资源的产品转化才是至关重要的。文化旅游产业作为综合性强、延展性强的产业，有着完整的产业链，因此，应立足区域文化资源，甚至"他资我用"，进行相关资源整合，重点推出核心产品，以此带动产业融合发展，形成产业链。文化产业和旅游产业融合可充分发挥产业优势，互通有无，互助互利，不论是对于中华传统优秀文化的传承发展，还是对于文化产业、旅游产业效益的提升都是一种促进。

浙江绍兴的咸亨酒店就是典型而成功的文化产业和旅游产业融合发展的案

---

[1] 刘银华，杜小玉，郭君洁. 谈辉县百泉风景区开发利用存在的问题 [J]. 山西建筑，2012 (3)：28-30.

[2] 赵国权. 略论百泉书院的学术文化活动及兴衰 [J]. 河南大学学报（社会科学版），1995 (4)：65-69.

[3] 范建华. 文化与文化产业发展新论 [M]. 北京：人民出版社，2011：71.

例。咸亨酒店发掘文化资源,根据鲁迅的短篇小说《孔乙己》中对咸亨酒店的描写而设计,店面布置、周边建筑、店铺等环境布局也是尽力复古。[①] 鲁迅故居附近建设的鲁迅文化广场,广场中心是鲁迅先生的铜像。湖水、河埠、乌篷船、店名等,带给游客的体验就是沉浸在鲁迅笔下的绍兴风情之中。陕西西安大唐芙蓉园的歌舞剧《梦回大唐》是对历史文化的经典再创,取得了很好的效果。浙江杭州的大型歌舞《宋城千古情》整合杭州的历史典故、神话传说、歌舞、杂技等资源于一体,给游客带来了很好的体验效果,增加了旅游收入。因此,文化产业和旅游产业融合发展的关键点在于塑造品牌文化产品。

(三) 建设以文化景观为主要消费对象的乡村旅游

文化景观这一概念是 1992 年 12 月在美国圣菲召开的联合国教科文组织世界遗产委员会第 16 届会议上提出并纳入《世界遗产名录》中的。乡村延续着中国的文化传统,创造出文化的多样性、丰富性,其现代价值不应该被忽略。乡村旅游不但具有商业价值,更具有非商业化的特质。构建特色乡村休闲度假村,活化乡村历史文化建筑,是文化产业和旅游产业融合发展的有效途径。一是遵循自然生态原则,在不改变传统的生产方式和习俗的前提下,保留与生产相关的自然环境和社会文化生态环境,以自然山水旅游资源为依托,建设特色民宿、休闲度假村。二是依托传统村落文化资源,发展特色文化旅游小镇。"传统村落是指村落形成较早,拥有丰富的传统资源,具有一定历史、文化、科学、艺术、社会、经济价值,应予以保护的村落。"[②] 对具有开发利用价值的传统村落进行市场运作,利用新技术,注入新资本,涵养新业态,在保有原汁原味的基础上发展文化旅游城镇,使旅游发展在文化传承中获得创新,这是新时期文化旅游产业发展的一个重要领域。

第三节 国家文化公园建设促进旅游产业发展

一、国家文化公园对我国旅游产业发展的多维价值

"国家文化公园在'生活共同体'(地域性文化圈)基础上,依靠线性文

[①] 刘云霞. 文化产业和旅游产业融合发展探析 [J]. 新乡学院学报, 2019 (11): 16-20.
[②] 胡燕, 陈晟, 曹玮, 等. 传统村落的概念和文化内涵 [J]. 城市发展研究, 2014 (1): 10-14.

化遗产的文化联通性，凝聚不同地域或不同族群的价值共识，形成'价值共同体'，再通过遗产教育和遗产旅游实现价值引领和价值共享，在遗产命运、民族命运与国家命运之间建立密切关联。"① 其体现出多元与一体共生、保护和传承兼具、经济与公益相倚的多维价值，共同引导我国文化旅游产业在新时代的发展。

（一）多元与一体共生

我国是一个多民族的共同体，向来有着兼容并蓄的文化传统。众所周知，作为国家文化公园建设依托的长城、长江和大运河等国家地标性建筑和"地理标识"，虽然在性质上不尽相同，但它们无一不对传承我国由来已久的多元一体的精神文明有不可忽视的作用。它们大多在地理位置上绵延漫长，有的保护着人民的安全、有的哺育着周边的聚落、有的促进着商贸的发展，各自在我国政治、经济、文化上发挥着自身优势，维系着我国的统一和发展。如途经我国 8 个省份的京杭大运河，自开凿以来就因沿线政治、经济、文化生活和军事战略的需要而航运发达，囊括了我国若干朝代的政治、经济等国家因素和多民族历史、风土人情、价值观念等非国家因素的文化传承。② 如果要找到长城、大运河、长江、黄河、长征的共同点，可以认为它们都既是所在区域的精神标志，又是中华民族文化多元一体的凝结体现。可以说，它们都是兼具地域性与"国家性"。因此，以这些"国家文化标识"为基础建立的文化公园本质上是实现"国家文化标识建构与文化空间生产的过程"③。从文化旅游发展的角度来看，此次长城、大运河、长江、黄河、长征作为五个国家文化公园的建设依托所在，充分体现出旅游产业开发中不同地域的民族文化的多元性与中华精神的一体性，通过活化利用和弘扬长城、大运河等在不同区域的文化价值和影响力，连点成线、连线成网，不仅共同引导和推进我国文化旅游产业的自身发展和社会影响，而且使国家文化公园成为中华民族共同体的浓缩景观，化身为中华大地的旅游标识，明显具有开放包容的国际交往观念，其建设标准必然要体现高质量和水平，突出地域特色与彰显"国家形象"并行。

---

① 李飞，邹统钎. 论国家文化公园：逻辑、源流、意蕴 [J]. 旅游学刊，2021（1）：14-26.
② 周泓洋，王粟，周扬. 大运河文化的多维价值与国家文化公园建设 [J]. 中国名城，2022（7）：11-16.
③ 冷志明. 国家文化公园的"国家性"建构研究 [J]. 吉首大学学报（社会科学版），2022，43（5）：133-139.

（二）保护与传承兼具

如果说"国家公园"强调旅游建设对于"青山绿水"的生态保护功能，那么，"国家文化公园"建设是否与之相对，只是单纯地驱使旅游建设侧重于文化传承功能？答案是否定的。"国家公园"属于保护区的一种类型，起源于国外，在我国是自2013年党的十八届三中全会以来在各地开始兴建的，建设"国家公园"的最主要目的是保护国家最重要和最具代表性的自然保护地环境与生态空间，世界自然保护联盟将其定义为"大面积自然或近自然区域，用以保护大尺度生态过程以及这一区域的物种和生态系统特征，同时提供与其环境和文化相容的精神的、科学的、教育的、休闲的和游憩的机会"[1]。随着我国文旅融合的发展以及大众旅游时代旅游需求和消费偏好的转变，我国各地区充分利用旅游业涉及面广、带动力强、开放度高的优势打造拥有更强复合功能的旅游区域。国家在新时代提出"国家文化公园"的理念，必然不会从单一功能的角度来考虑，而是会融合我国当代大众需求与旅游产业发展形势。

因此，从旅游建设的角度来看，较"国家公园"相对"单纯"的生态保护功能，"国家文化公园"是立足国家历史文化，突出所辖区域各类资源的综合保护，同时以保护和传承我国优秀的革命文化为目标，凸显革命历史文化和革命精神价值的教育和引导功能。对我国文化旅游产业来说，能够为各地旅游的生态文明建设提供"国家文化"标识，增强"游览信度"，更重要的是能够给予新时代文化旅游提供生态保护与教育功能的双重拓展，必将发展为我国助力新时代文化旅游发展的主要力量。

（三）经济与公益相倚

国家文化公园在空间布局上跨多个省级行政区域，在文化功能上又鲜明地体现了中华民族共同体意识，可以说，文化属性与公园管理模式共同体现了它所具有的"公共性"。这种"公共性"则充分说明了新时代文化旅游产业在功能拓展上应做到经济与公益相倚，我国旅游产业在近些年突飞猛进地发展，说明我国人民在实现物质生活大幅度提升的同时，精神生活也在走向"共同富裕"。

以往的部分旅游活动只是高收入人群的娱乐项目，随着我国经济的发展，大众旅游时代逐步来临，我国旅游经济大步向前，研学旅游、公益旅游、红色

---

[1] 徐雷，陈静，刘莉. 我国国家公园特许经营存在问题及法律对策研究——以公益性与营利性的法律关系为分析视角［J］. 西安建筑科技大学学报（社会科学版），2021（3）：65-71.

旅游等产业经济、文化氛围与公益事业兼具的旅游项目有所发展，长城、长征、黄河等"国家文化标识"本身就与我国人民精神文化生活切实相关。如今，国家文化公园的建设，将通过这些横连区域和纵连古今的文化遗产和自然遗产带使我国文化旅游的全民属性和公益性更上一层楼。

二、基于旅游产业创新发展需要的国家文化公园建设策略

从我国旅游产业创新发展需要的角度出发，国家文化公园从多维价值引导总体设计，到分区实践建设，再到有机统筹整合，统分结合的思路清晰可见。

（一）以可持续发展为目标协调保护与利用

国家文化公园这一概念强调的是其所囊括的景的点所共同具备的文化属性，这也使其与以往的公园明显地区别开来。国家文化公园无论是从发展的角色定位上，还是从地理范围来看，对于地方资源的保护与利用都不应也不能局限于单个地方的文化保护或旅游景区的开发，而是对文化公园范围内所有自然资源与文化资源的综合利用与保护，最终形成开放式的文化输出载体，从而能够更好地拓展其生态保护和教育功能，呈现与传承生态文明建设的精神内核，保证国家文化公园所在的整个线性遗产带文旅融合的可持续性。

自 2021 年以来，国家文化公园建设工作领导小组先后印发了《长征国家文化公园建设保护规划》《大运河国家文化公园建设保护规划》《长城国家文化公园建设保护规划》等相关建设和管理文件，同时，国家文化公园范围内各省份的建设保护规划也接近完成。[①] 下一步，向上应考虑设立针对国家文化公园综合资源利用与保护的相关法律法规，向下各省份应考虑建设落实过程中的相关问题，制定地方相关管理办法。值得注意的是，无论立法或制定管理办法，一方面应注意对国家文化公园的各类资源进行整理与细分，要有利于挖掘各类资源能够往深、往外渗透精神文明建设的价值；另一方面则是要思考如何保障国家文化公园分区建设中，能选取最适合的方式将综合资源转化为能够体现生态文化与精神的载体。此外，还要兼顾相关地区居民的生产生活需要，维持周边群众在建设国家文化公园过程中日常生活的稳定。

只有通过合理的资源利用以满足游客的游览需求和接受偏好，同时维护当地居民的生产生活方式，使得游客和当地居民都成为精神文明建设的受益者和传播者，才能保证国家文化公园各项工作得以顺利、长久的推进，同时推进整

---

① 樊潇飞. 新时代文化旅游发展中建设国家文化公园的价值、问题与优化［J］. 社会科学家，2022（12）：55-56.

个线性遗产带文旅融合的可持续发展。

（二）兼顾区域特色与整体统筹

国家文化公园的地缘位置一般都横跨数个省份，包含的文化遗产与文物遗产往往具备占地面积广、分布线程长、辐射地点多的特点。因此，建设国家文化公园首先要坚持整体观念，加强系统统筹。同时，在统一的策划设计方案之下，还要考虑到每个区域的地方特色。可以说，国家文化公园的建设既要成为中华民族共同体的标识，同时也要服务于地方特色文化旅游品牌的打造。比如，长城国家文化公园中的嘉峪关景点在保持长城整体雄浑壮阔的审美前提下，与地方特色结合，着重突出本地的边关风情。嘉峪关被誉为"长城第一墩"，无论是悬崖峭壁、黑山石刻，还是魏晋墓群、木兰城，这些大漠风光都是嘉峪关在建设国家文化公园的过程中着力打造与宣传的。黄河国家文化公园中的青铜峡景区在建设过程中，一方面献力打造黄河文化这一国家级形象，一方面借力盘活本地的水利文化，集中展现世界灌溉工程遗产。

兼顾区域与整体的建设原则在其他国家文化公园建设中也都有所体现，以文化公园的整体生态文化意涵为"根"为"魂"，侧重突出本地的物质文化与非物质文化，设计旅游精品线路，带领游客以点带面领略国家文化公园的文化精神内核。

（三）以多元文化拓展旅游功能

国家文化公园建设的主题之一是推进生态文明建设，"当代中国的生态文明建设，越来越成为国内政治、经济、文化、社会治理和国际治理、全球博弈交织在一起的综合性问题，成为衡量'五位一体'总体布局是否全面、协调的重要内容"[①]。合理融合民族、革命和传统文化是国家文化公园发展建设的重要工作。因此，建设中要以区域历史为背景，以自然生态为依托，以民族文化和革命文化为底蕴，拓展文化旅游的教育功能。当前的5个国家文化公园都在不同程度蕴含着丰富的中华民族传统文化因素，同时能够突出展现中国共产党领导下该地区的发展进程。通过多样灵活的方式和内容将这些文化教育素材呈现出来，能够使游客在体验我国传统文化时，接受生态教育与爱国主义教育。

国家文化公园拥有着丰富的生物物种，除了各种野生动物之外，还有稀有植物以及山水景观。利用这些生态教育素材，为游客安排观潮、赶海、看

---

① 林建华. 生态文明建设是一场绿色革命性变革 [N]. 北京日报，2017-12-25（13）.

日出、赏月等旅游活动,将我国生态文明建设进程成果自然而然地展示给游客,起到一定的生态文化教育作用。在此基础上,可以添加文化教育素材与之相结合,无论是党的故事、革命故事或是历史故事,都能够成为激励游客、教育游客的素材。以国家文化公园为教育载体开展针对不同游客群体的、类型多样的研学旅游活动,能够激发全年龄段的游客对祖国、对党、对人民的热爱之情,培育游客切实践行社会主义核心价值观,增强游客对地方和国家的认同感。

(四) 利用现代科技优化旅游体验

国家文化公园的特质属于线性遗产,但由于地缘分布、路线设置与活动安排等条件限制,游客对于国家文化公园的实际游览行程往往不是线形的,通常只会把其中的几个景点作为游览节点。这就导致了游客对于国家文化公园的认知仅仅停留在几个景点,不能对国家文化公园的价值有一个整体上的认知。而数字技术的注入,能够为游客提供更全面的游览内容。通过数字技术与互联网思维的结合,推出系列数字产品,以适配公园的线性特征及游客的活动规律,从而有效优化游客的游览体验。

利用游客使用新媒体平台的习惯行为以及数字平台在时间和空间上的无限制性,开发手机 App 或运营新媒体账号。一方面采集国家文化公园的自然及人文景观的数字资源,并将其以符合新媒体时代传播特征的方式以线性的形式展示出来;另一方面配合游客的旅游活动规律,在满足其在当前旅游景点的活动需求前提下,为其提供线上体验整个国家文化公园旅游景点的功能,激发游客对其他景点游览的兴趣,为游客从整体上认知国家文化公园的生态价值提供可能。例如,长征国家文化公园先后推出了官方网站、"长征文物地图"手机小程序和"强渡天险" App 等系列数字产品,并根据不同平台自身的特点投放了不同的数字产品内容。在官方网站上发布了长征主题红色教育相关的宣传片、影视节目等;"长征文物地图"手机小程序将长征文物与其地理位置及历史故事相联系,增强使用者体验;"强渡天险" App 则通过 5G、AR、3D 技术实现了历史场景复原。这些极具特色的数字产品内容使游客切实体会长征精神、学习军事知识、树立文物保护意识,保证长征国家文化公园的核心精神与文化形象能够得到全方位的有效传播及接受。

第四节　国家文化公园产业融合发展实例分析

一、以山西黄河国家文化公园为例

黄河流域生态保护和高质量发展上升为国家战略，保护、传承、弘扬黄河文化是其五大任务之一，而黄河国家文化公园建设则是黄河文化保护传承弘扬的重要举措与手段，现已被纳入国家"十四五"规划。山西地处黄河中游，是黄河流域的重要组成部分，一直积极贯彻落实黄河流域生态保护和高质量发展国家战略，在山西省第十二次党代表大会上更是做出了建设黄河流域生态保护和高质量发展重要实验区的重大部署，其中建设山西黄河国家文化公园成为体现山西担当的重要任务。

（一）文化旅游深度融合发展

推动文化旅游深度融合发展示范区建设，促进示范区由单一向综合、由平面向立体发展。创新运营模式，加快新技术系统集成应用，全面赋能运营模式升级、组织优化和治理能力提升，促进新业态、新模式健康发展。

1. 推动文化创意产业与旅游产业融合发展

依托黄河流域山西段丰富的文化内涵，创新创意黄河文化旅游新业态，打造地方曲艺振兴、传统工艺传承、历史文化展示、民俗文化体验等黄河文化发展新路径。挖掘利用优秀传统黄河文化，建设汾阳汾酒文化产业园、清徐醋文化产业园等黄河文化产业园；以创意为核心，发展山西影视动漫产业，建设碛口黄河文化影视基地、太原动漫产业园等影视拍摄和创作基地；策划山西黄河根祖文化展、晋商文化展、山西非遗文化展、山西农耕文化展、山西科技文化展、山西红色文化展等会展活动，打造山西沿黄区域综合型会展文化产业链。重点利用文物和文化资源外溢辐射效应，积极发展特色文化旅游产业，推动老牛湾、壶口瀑布、碛口古镇、蒲州古城、永乐宫、关帝庙—盐湖、晋阳古城、陶寺遗址、平遥古城、云冈石窟、五台山等形成文旅融合示范区。

2. 推动教育文化产业与旅游产业融合发展

针对不同群体，组织开展不同主题的研学旅行活动，并制定多条研学旅行专线。推动山西"黄河文化+研学""红色文化+研学""民俗文化+研学""非遗文化+研学""康养文化+研学""科技文化+研学"六大研学旅游类业态发展。推动建立晋商"万里茶道"和晋蒙"粮油故道"体验基地、黄河红色文化研学教育基地、黄河传统村落民居保护研学基地、黄河文化遗产保护传承基地、黄河特色民俗体验基地，发挥好"六个基地"活态传承示范带动作用，推动黄河文化保护传承持续发展，延续三晋历史文脉，保护山西黄河文化基因。

（二）推动黄河文化公园数字基础设施建设

加强融合发展，以更大力度、更宽视野推进各类产业间的融合发展，发展休闲度假旅游，进一步拓宽发展空间，增强发展动力，夯实发展基础，在融合发展中不断丰富旅游产品、创新旅游业态、优化旅游产品体系。

1. 推进"文化旅游+"的深度融合

立足黄河流域文化和旅游业高质量发展需求，按照"宜融则融，能融尽融，以文塑旅，以旅彰文"的理念，深化理念融合、职能融合、产业融合、市场融合、服务融合、对外交流融合，搭建文旅融合载体，创新融合模式，推动文化旅游产业升级，提升特色民族文化的软实力和影响力。大力推进文化和旅游业融合发展，推进建设一批世界级文化旅游景区和度假区；实现文化建设和文物保护成果的旅游共享。推动博物馆等一批重点文化场馆转型升级，将其打造成为知名文化旅游景区。尽快启动一批国有、非国有博物馆融入区域旅游发展，鼓励有条件的地方申报 A 级景区。

利用文化遗产资源开展文化旅游经营和服务，进一步提高公共服务效能。推行"景区+民俗文化体验"模式，充分挖掘地方文化特色，通过文化演艺、民俗体验等活动，提升旅游产品文化含量。依托文物和文化资源发展，大力推进研学旅游产品建设，创新文化产品内容和展示方式，丰富文化产品供给，推出一批精品文化旅游线路。以晋源区、平遥县、贾家庄文化生态旅游区、振兴小镇、皇城相府、大阳古镇旅游景区等为核心，推进文旅产业融合示范区创建。

2. 加强数字基础设施建设

构建智慧文旅管理一张网。围绕为政府提供文旅行业管理、产业发展及宣传推广等决策信息的核心任务，横向贯通文旅数据资源，实现数据统一采集、集中存储、快速处理和应用共享，形成全省智慧文旅"超级大脑"。纵向形成省、市、县三级互联互通行业监管服务平台，该平台主要包括产业运行监测服务、大数据分析决策服务、综合执法管理服务、投诉管理服务、舆情管理服务、应急指挥管理服务、旅游团队管理服务、文化数字资源管理服务、公共文化和旅游服务等。宣传推广云服务平台主要包括全媒体宣传推广服务、宣传推广效果分析服务等。

构建智慧文旅运营平台。围绕推动文旅企业实现在线交易、经营等运营方式转型目标，整合全省文旅资源与分销渠道，打造基于产业应用的数字生态链，实现统一在线交易服务产生行业数据，通过大数据分析形成产业链反哺能力，催生出数字经济新业态为文旅企业"赋能"。打造智慧文旅服务一机游矩阵。围绕实现游客一机游目标，以公众号、小程序等便捷方式，为游客提供线上购票、酒店预订、旅游交通等定制服务，精准满足游客需求，提升游客出行体验，做到"一机在手、畅游山西"。加强数据信息共享交换。依托国家数据共享交换平台体系，建设完善文物和文化资源的数字化管理平台，开展具有代表性的两河文化遗产数字资源采集，建立完善各类专题数据库和遗产监测预警体系，推动文化遗产信息资源数据共享、开发利用。

3. 打造永不落幕的网上空间

面向场景创新、民生应用，以 VR 游戏、在线逛展、沉浸展览、特效电影、智慧旅游、在线教育、直播带货等业态为代表出现在人们日常生活场景中。推动"科技+"与文化、旅游、康养相互赋能和融合发展，实现跨越式发展。利用数字技术赋能康养特色村、康养小镇、景区、景点等，探索"云观展""云旅游""云观影""云演唱会"等模式，培育数字景区、线上阅读、智慧旅游、数字文化馆、数字美术馆、数字博物馆等"线上文体游娱"新业态。[1] 综合运用现代信息和传媒技术手段，加强黄河文化遗产数字化保护与传承弘扬。开发特色鲜明的文博创意产品，加强数字化产品制作和推广。结合文学、音乐、游戏等方式以及文创大赛等活动，将营销创意、国际赛事、品牌跨界、数字体育、影音娱乐与当地特色文化相融合，进行数字化创新，推动线上文旅产业投融资，开展文创产品在线生产、营销和销售。

二、以长征国家文化公园四川段为例

2019 年 12 月，国家出台《长城、大运河、长征国家文化公园建设方案》，对长城、大运河、长征国家文化公园建设做出战略部署。四川很早就开始打造"长征丰碑"文化旅游品牌。在编制完成的历次省级红色旅游发展规划、行动计划中，都将"长征丰碑"作为全省红色旅游的重点品牌，还组织编制了长征红色旅游线路 2 个专项规划和川主寺长征纪念碑园、泸定桥等重点景区开发建设规划；推出了"重走长征路"系列红色旅游精品线路和"雪山草地，长征丰碑""四渡赤水，醉美川南"等以红色旅游为主题、形式多样的复合型旅

---

[1] 张兴毅. 推动山西黄河国家文化公园高质量发展的若干思考［J］. 经济师，2023（2）：133.

游经典线路；举办了"长征精神永放光芒"四川红色旅游展示活动、"重走长征路·万辆自驾车"活动、"弘扬长征精神·传承红色记忆"纪念红军长征胜利80周年红色旅游系列活动。

(一) 长征国家文化公园四川段文旅融合发展理念

1. 保护优先、强化传承

严格落实保护为主、抢救第一、合理利用、加强管理的方针，对公园内各类长征文物本体及其环境进行统一保护，全方位提升公园的教育、游憩、科研等功能，积极推动四川长征文物资源保护和长征精神遗产传承。

2. 突出主题、融合发展

依托红军长征在四川召开的重要会议、发生的重要战役和重大事件，结合绚丽多姿的民族文化、风光优美的自然生态，打造一批弘扬长征精神、体现四川特色的文旅精品。强化长征文旅精品建设与扶贫攻坚、教育实践、文化创新、科技应用等工作的结合，与乡村旅游、康养度假、研学旅行、生态旅游、智慧旅游等旅游业态组合，促进长征国家文化公园四川段文化旅游的科学发展。

3. 寓教于游、创新发展

兼顾长征国家文化公园的教育使命和旅游使命，充分挖掘红军长征遗留的宝贵精神财富，在旅游活动中充分展现长征的历史意义和现实意义，打造常学常新的理想信念教育课堂。在真实反映历史事实的基础上，注重应用现代科技手段，创新设计参与性、体验性强的长征文化旅游项目，让长征文化旅游更具人情味，增强长征文化旅游发展活力。

(二) 长征国家文化公园四川段文旅融合发展策略

1. 构建"一轴两线六区"的空间形态

"一轴"是以中央红军长征路线为基础的文旅发展主轴，形成公园的纵向联系和功能拓展。"两线"分别是以红四方面军、红二方面军长征路线为基础的专题旅游发展线。"六区"是赤水丹霞、彝海结盟、大渡桥横、雪山草地、胜利会师、转战嘉陵六个文旅融合发展示范区：赤水丹霞文旅融合示范区以"四渡赤水、出奇制胜"为主题，融合乌蒙山区自然生态观光休闲、竹文化生态休闲和僰苗文化、酒文化等川南地域特色文化体验；彝海结盟文旅融合示范区以"金沙水拍、情深谊长"为主题，融合攀西阳光休闲度假、彝族风情体验、安宁河谷乡村休闲、三线文化体验；大渡桥横文旅融合示范区以"大渡桥横、天堑飞渡"为主题，融合贡嘎山和大渡河峡谷山地旅游、康巴文化和茶马文化体验；雪山草地文旅融合示范区以"雪山草地、艰苦卓绝"为主题，融合大熊猫国家公园生态观光、九寨沟和黄龙世界遗产旅游、邛崃山脉山地旅游、川西北大草原生态旅游、藏羌彝文化走廊文创旅游；胜利会师文旅融合示范区以红四方面军西进康北及红二方面军、红四方面军甘孜会师为主题，融合高原自然生态旅游、康巴文化体验；转战嘉陵文旅融合示范区以红四方面军强渡嘉陵江向川西转移为主题，融合嘉陵江山水生态旅游、蜀道历史文化体验、羌族风情体验。

2. 划分公园的特定功能区

从国家文化公园的功能上，可以划分为核心保护区、主题展示区和融合发展区。核心保护区以全国重点文物保护单位和省、市、县各级文物保护单位的保护范围为准，严格保护文物本体，严格管控环境，区内不得进行可能影响文物保护单位安全及其环境的活动。主题展示区在核心保护区外围，以科研、教育、文化体验和参观游览为主要功能，在确保与长征文化景观相协调的前提下，建设纪念馆、博物馆等文旅公共服务场所。融合发展区由主题展示区及其周边自然生态、历史文化、民族风情、现代文旅优质资源组成，以娱乐、休闲功能为主，重点发展具有长征文化特色的文化旅游产业，集中建设主客共享的配套服务设施。

3. 建立长征精神教育平台

加强对长征特别是在四川长征的历史和史料的收集整理，深入挖掘长征精神及其当代价值。举办全国性的学术研讨或高层论坛，积极开展跨学科的研究创新、跨地域的研究合作、跨国别的研究交流，探索构建具有中国特色的长征学科，将四川打造成为全国领先的长征文化研究学术高地。

4. 搭建宣传展示平台

硬件上，综合采用声、光、电等现代科技手段，引入 VR、多媒体游客交流台等设施设备，增强展示效果。

软件上，以尊重历史、体现特点、讲究艺术为原则，设计解说词、导游词，构建文本、视频、音频、讲解人员等多种方式的解说体系，帮助参观者深入了解长征文化内涵。

繁荣长征文学艺术，鼓励创作、研究及展演以长征为题材的音乐、舞蹈、美术、戏剧、文学、工艺、摄影、电影、电视剧、动漫等文艺作品，传播优秀的长征文学艺术作品，提高公众关注度。

第七章　国外国家文化公园经典案例分析

建立以国家公园为主体的自然保护地体系，是我国生态文明思想的重大举措。国家公园作为国际普遍认可的自然保护手段，受到世界各国的欢迎。本章我们主要研究德国巴伐利亚森林国家公园、澳大利亚乌鲁汝—卡塔曲塔国家公园、南非克鲁格国家公园、泰国暹罗古城公园等经典案例。

第一节　德国巴伐利亚森林国家公园案例分析

一、巴伐利亚森林国家公园概况简介

巴伐利亚森林国家公园位于德国东南部的古城巴伐利亚州，坐落于多瑙河、伯尔默森林和奥地利国界之间，与东部毗邻的舒马瓦国家公园和波西米亚森林一起，构成了欧洲中部最大的整片森林保护区。公园地处温带大陆气候区，又受欧洲独特海洋性气候的影响，使得全年气候温和、冬季漫长而多雪。加之地势起伏较大，从1453米的大瑞秋、1373米的鲁森山、1315米的老鹰峰，到海拔仅有600多米的低缓地形，海拔差异可达800米之多，使得其成为一个天然的动植物物种博物馆。[①] 这里的动物除了重新引进的雕鸮、长尾林鸮和渡鸦之外，还包括水獭、松鸡、榛鸡等。此外，仅甲虫就有15种，它们被认为是野生丛林的遗珠，仅出现在极其天然的森林当中。同时它还拥有大片的云杉森林、野生林间小溪和开阔的沼泽地带。

巴伐利亚森林国家公园最大的特色是秉持"让自然保持自然"的观念，对自然景观的保护永远是第一位的，自建立以来一直致力于减少人类对自然景观的规划和干预，使得其大部分动植物资源都按照其自有的规律天然地生长、

---

① 阳程，王莹. 仙踪之旅—德国［M］. 呼和浩特：远方出版社，2005：136.

繁衍。在巴伐利亚森林国家公园的生态系统中，动植物自然死亡、腐烂的过程被允许保留，并被重点保护在园区中，不受人为清理和干预，无论是动物的尸体还是被风吹折的树木。有些区域甚至完全不再需要人类干预，于是叫作"自然带"。在巴伐利亚国家公园，目前已有72%的区域属于完全非人为干预的"自然带"。公园计划到2027年，该比例将提高到75%。

同时，为了吸引社会中更多环保志愿者的加入、唤起人们对自然的敬畏与环境保护意识、探索并促进人类与自然和谐共生的相处模式，园区没有全然自我封闭成为彻底的"禁足之地"，而是人性化地为游客规划了绵延350千米的碎石小径和近200千米的自行车道[1]，配有训练有素的森林导游与国家公园专家负责向游客讲解大保护区的自然环境，同时也为动物提供了开放、安全的栖养露天空地与救助中心，如瓦茨里克—海因体验之路、"矿井与青苔"体验之路、诺伊舍瑙附近的信息中心"汉斯—艾森曼之家"以及诺伊舍瑙附近的动物栖养露天空地等。这些栈道、中心皆依地势地形与植被景观而建，能够保证游客在不影响植被与动物自由生长生息的同时最大限度地接近自然、感受自然，使负责保护建设园区乃至工作区域的工作人员可以与当地自然休戚与共。

1997年8月8日，公园进一步将面积扩展到现在的25250英亩，之后又相继加入了富有教育意义的儿童特别游览项目、更趋专业的实物讲解以及极具特色的国家公园文化活动。如今，巴伐利亚森林国家公园已经发展成为以自然保护为主、又具有浓厚环境保护人文气质的综合型现代国家公园。

二、巴伐利亚森林国家公园的管理模式

（一）巴伐利亚森林国家公园的管理责任划分

德国国家公园采取独树一帜的地方自治型管理体系，既区别于北美、俄罗斯、南非等大陆国家公园的自上而下型管理体系，又不同于日本、英国等岛国国家公园的综合型管理体系。德国联邦政府不负责统一管理具体国家公园的建设和发展事宜，由各州政府设立环境部自主地进行规划和保护，包括国家公园范围的划定、管理政策修订及相关法律法规的制定等。联邦政府只负责制定宏观的指导政策和法律法规框架，而州政府最终决定具体政策和制度的实施。因此，德国国家公园体系基本实现了"一区一法"，并在实践中取得了积极的成效。

因而，巴伐利亚森林国家公园也采用地方管理模式，由巴伐利亚州政府下

---

[1] 阎琴，付尧，尹桂淑. 国家主题公园[M]. 北京：北京理工大学出版社，2013：30.

设的国家公园管理局负责所有建设、保护和发展事宜。1976 年，德国联邦政府颁布高度宏观的《联邦自然保护法》（又称《联邦自然保护和景观规划法》）作为德国自然区域保护和管理的基本法规。根据这部法律，巴伐利亚州政府独立自主地制定了《巴伐利亚州自然保护法》，对本州自然保护区以及国家公园的规划做出了更为详尽的规定。巴伐利亚森林国家公园的任务是保护其自然和近乎自然的生态系统，保护中欧地区森林茂密的低山脉。除了作为首要目标的自然保护区外，大型保护区还应有助于促进该地的自然历史、科学知识与环保经验的教育普及。国家公园管理局的工作便基于《联邦自然保护法》《巴伐利亚自然保护法》和《国家公园条例》展开。

从历史的角度来看，对巴伐利亚森林国家公园的管理部门从五个森林管理局到两个独立运营的国家公园管理局和森林管理局，再到合而为一的巴伐利亚森林国家公园管理局，其管理职权的发展趋势大体上是删繁就简、整合统一，以防止不同部门之间职权相互重叠引发的管理效率低下以及不必要的政府开支，提高行政效率，使得公园的保护工作更加凝练、有序、高效以及更具针对性。

（二）巴伐利亚森林国家公园的所有权界定与法律依据

在德国，森林国家公园所有权的归属不是以公园类型建筑的所有权为划分依据，而是建立在森林所有权归属的基础之上。因此要讨论巴伐利亚森林国家公园的所有权，就必须参考德国的森林所有权制度。大体而言，德国的森林归属主要有三类，一是联邦政府与州政府所有，可统一归为政府所有；二是除政府以外的社会团体所有，如学校、教会、社区等；三是私人所有，巴伐利亚森林隶属于巴伐利亚州政府，因而自建成以来公园的公益属性和教育属性就远超其营利属性。

德国联邦政府有统一颁布的《联邦森林法》，各州也有自主制定但一脉相承的《森林法》。德国森林法律的一个极具特色的地方在于，它强调森林国家公园的生态价值主要在于完整地保留并呈现森林自然演替的过程，包括公园核心区域内发生的各种自然灾害（包括但不限于地震、雪灾、大风、山火乃至森林病虫害等），树木和动物的生老病死，在不危害游客及周边居民的生命安危情况下，都不得进行人为的干预，以此拉近自然和人们之间的距离，并保护森林的本来面貌。也因此，巴伐利亚森林国家公园受巴伐利亚州政府与德国联邦政府的双重保护，任何法律条款不得阻止国家公园计划的实施，这就给公园的建设和发展提供了相对较大的自由空间。

（三）巴伐利亚森林国家公园的保护模式

德国对自然国家公园的保护可以主要从宏观和微观两个层面说起。宏观层面，对外，德国联邦政府加入一系列国际公约以践行国际公认的环保任务与目标；对内，由联邦政府统一制定国家公园评估准则敦促各州各国家公园的发展进程。微观层面，由各州设立的国家公园管理局根据现实需要自主招募专业工作人员、实习生、社会志愿者来维护公园的日常运转，并为游客提供更为完善的服务便利设施，寓教于乐，以实现公园的社会教育任务。

具体而言，德国在国际上加入了一系列环保与遗产保护相关条约及协定，如联合国教科文组织于1972年提出的《世界遗产协定》《生物多样性公约》《波恩公约》等，通过这些公约的签订，不仅对德国国内国家公园的发展起到一系列约束和指导作用，还为其公园的建设吸引来了许多国际学术合作与交流机会，从而极大提高了德国在环保领域、遗产保护领域以及学术科研领域的国际声望。对内，德国联邦政府亦渐渐发展出统一的周期性的管理质量评估计划，自2005年开始，由政府定期召集相关学术界、环保界及公益界人士制定国家公园的评估标准，并对国家公园的现状、趋势以及管理模式等方面进行详尽的评估。这使得政府可以从宏观上把握各州国家公园发展的现状、存在的问题，并由此掌握进一步制定政策的依据。

从微观层面上，公园还制定了完善而丰富的实习与志愿者制度，针对不同年龄阶段、不同群体的游客提供最大程度的服务便利，最大程度吸引社会的注意力、调动全社会资源，达到对公园的保护以及对公众的环保教育的双重目标。根据公园官方网站显示，巴伐利亚国家公园管理局目前拥有200多名正式员工，还拥有庞大的、每年更新的志愿者团队，成为该地区最大的雇主之一。

三、巴伐利亚森林国家公园的开发利用

1970年，巴伐利亚森林国家公园成立之初，其环保主张其实并没有1983年以后那般成熟和占据主导地位，此时政府同意并大力推动国家公园的建设与发展，很大程度上是希望依靠国家公园的开发来刺激当地旅游业的发展以及宏观经济的战后复苏。在公园成立的最初20年间，巴伐利亚森林国家公园的确很好地践行了这一目标，它使得巴伐利亚州的入境旅游消费猛增，在德国许多重工业城市的相继衰落之下，直接唤醒了一个新的经济增长点。

历经多年发展，公园在其对外开放的官方主页上将自己的使命与任务高度浓缩地概括为以下五点：保护、教育、研究、休闲与融入。与之相对应，其开发利用工作亦始终围绕这五大使命展开，与公园的目标相互吻合和促进。概括

而言，公园所秉持的发展任务及相应的开发举措主要体现在以下几个方面：

(一) 保护

如前文所述，"让自然保持自然"一直是公园自我建设与发展的座右铭，因而保护自然景观与自然更替的过程是巴伐利亚森林国家公园的重中之重。这包括大型保护区中的森林可以根据自然的规律发展演变而无须人为干预。

保护作为所有目标之首、所有工作的重中之重，对公园的开发利用提出了整体的要求和原则，即所有的教育和示范作用以及人文的参观游览都尽可能地发生在原始丛林的边缘地带，尽可能减少对野生动植物的打扰与荒野领域的开发干预。一切工作都必须在不打扰当地原生自然规律的前提下进行，并需从各个方面贯穿这一原则和使命。

(二) 教育、示范和信息公开

国家公园的建设之所以重要，首先在于其作为一个大型自然保护区的稀有与珍贵性，尤其是在保护自然过程方面，这样的保护区往往发挥着人为种植繁育基地所远不能及的作用。但也正因如此，这样大型的自然保护区亦能够成为对社会、对儿童乃至对全人类而言不可多得的鲜活的教育资源，不仅在于其本身孕育了无数活生生的珍贵动植物群体，亦在于其让生活在城市里的人们有机会直观地深入观察和体验自然更迭的过程。这就要求公园管理者在保护之外，还应以教育为目的、以与自然兼容的方式开发国家公园。

在巴伐利亚森林国家公园，教育的内容不仅在公园本身的自然环境中传播，还通过精心设计的便利的游客设施传递，兼具自然与人文两种教育途径。环保教育自然是公园建立的初心与重中之重，但除此以外，促进公众与社会了解、接纳园内的自然生态并为当地乃至为人类环保事业做出积极主动的贡献亦成为公园不懈奋斗的目标。带着这样的目标与动力，巴伐利亚森林国家公园在人文教育方面亦做出了诸多贡献，主要体现在详尽准确的公园信息公开以及丰富而及时的面向社会公众的互动项目两大方面。

在信息公开方面，公园有其独立而内容丰富的德文官方网页与官方 App，且网页并非一个徒有其表、乏善可陈的官方道具，而是真正将园区各项信息进行了详尽的梳理，其提供资料之广、信息之细致，使游客、志愿者和研究员几乎都能从中找到自己需要的内容。

在社会互动方面，公园官网上常年有着许多趣味性的互动项目，拉近观光客（哪怕仅仅是网站的浏览者）与公园的心理距离。打开巴伐利亚森林国家公园的官方主页，首先映入眼帘便是滚动呈现的巨幅近期互动活动，如网络评选最可爱动物、最美园区风景的摄影作品，以及针对不同年龄阶段的儿童所设计开发的各不相同的教育游览方案、为徒步或自行车等运动爱好者们开发和推荐的健身参观方案等等。① 当然，志愿者与实习生的招募项目也是与公众互动的一大方面，所有的岗位、要求、前人经验分享以及园内专家的详尽联系方式也都能循着网页清晰、详尽的索引快速地找到。

（三）研究

巴伐利亚森林国家公园不仅仅是保护巴伐利亚州本地森林资源的杰作，更为全人类提供了一个了解森林内部系统的独特场所。因此，森林的研究价值亦非常重要。除了实现国家公园的保护与展示目标之外，森林公园还为诸多生物生态、地理地质等专业学科提供了天然的野外实验室和数据收集基地。

在巴伐利亚森林公园，高水平的科学研究不仅通过公园自己的员工，而且通过强大的国内和国际合作伙伴网络来实现——数十所大学、研究机构和政府当局与国家公园的专家紧密合作，为当地乃至全人类的科学进步做出了重大的贡献。

在所有科研合作项目当中，森林公园始终坚持两项基本原则：国际性和实践性。首先，国际性意味着在森林公园内部进行的一切科研活动都将尽可能遵循国际通法、适用国际同行检验标准，这样，在巴伐利亚森林中收集的实验结果所产生的影响就远远超出了德国本身，在世界范围内都具有普遍的借鉴和参考价值，这便使得德国一国的公园保护与自然科学研究工作在全球范围内都受到了高度重视乃至得到资金支持。另一方面，实践性意味着对来到公园的科学工作者而言，以实践为导向的研究至关重要，这不仅包括实验自身的实践过程，亦包括研究结果推广的实践过程。例如，在国家公园中发现和收集的实验结果可以真正帮助其他地区改善经济林中的生物多样性，这些方法由森林公园研究得出、并在其他地区行之有效。

自公园建立以来，无数研究人员得以在这片荒野之上展开实验和研究，得到了较之学院实验室从规模和信度上都不可比拟的宝贵数据。如对森林及其生态如何在没有人为干预的情况下自然发展的实地研究以及在控制变量的情况下各种人为因素是否以及如何对自然发挥作用的研究等。此外，在传统理工科实验之外，公园也正在成为生态经济学、社会学等各种新兴以及交叉学科的实验场，用以观察自然保护区系统对社会经济和社会生态的影响。如果可能，所有

---

① 中国环境科学研究院. 建立国家公园体制总体方案研究 [M]. 北京：中国环境出版集团，2019：214.

这些研究成果都会在环境保护、具体学科科学、林业实践以及教育和公众领域产生深远影响。

值得注意的是，尽管听起来科学研究是国家公园所有开发项目中一个颇具公益色彩的部分，在巴伐利亚森林国家公园的实践当中，科学研究却实实在在地为公园带来了丰厚的第三方资金支持和长久的国际声誉。这是因为许多科研项目和自然保护项目只能通过获得额外的第三方资金来实施，例如从德国研究基金会、联邦环境基金会以及欧盟计划中获得。这意味着资金和专有技术源源不断地流向了巴伐利亚森林地区。50年来，许多著名的研究人员正是在巴伐利亚森林国家公园迈出了他们学术生涯的第一步，即便今天他们已分散在世界各地，但仍与国家公园保持着密切的联系，并反过来推动更多年轻的学者在这里开展科学研究。许多在这里进行过的研究都被收录在了世界主要的生态和自然保护主题的相关期刊上，这意味着在众多世界各地的学术会议乃至学校课堂之中，都少不了巴伐利亚森林国家公园的身影。

（四）休闲

尽管无数遍提到"让自然保持自然"是公园至高无上的终极理念，但公园并非一个遗世独立的世外桃源，实际上，这片森林对生活在城市中的人们也随时敞开欢迎的怀抱。在严谨的保护与一丝不苟的科学研究之外，让游客能真正亲近自然、在森林中得到休闲和放松进而热爱自然亦是公园的一大建设方向。公园为游客开发打造的便利服务设施从各个方面体现着公园对游客的人文关怀。

此外，公园还设有由当地碎石随意铺成的步行小径，重点在于让游客在漫步的同时体验尽可能原汁原味的荒野。同样，用于自然历史教育的访客设施也及时更新和补充，以始终保持其时效性和有效性。德国人相信森林与人之间的某种充满爱意且富有艺术性的神秘互动，因而他们在巴伐利亚森林中也认真规划并建立了森林历史博物馆。这样，游客不仅可以在行走和运动中直观地体验该地区的风景植被、地质起源，而且还可以体验巴伐利亚森林中的人类活动历史——从玻璃工业到林业再到保护区以及国家公园的建立。

除对普通参观游客的保障与人文措施之外，公园也不忘为残障人士提供最好的参观感受。巴伐利亚森林国家公园地处低山地带，经常有陡峭的山坡和狭窄的石质小路。因此，其中的大部分路线都不适合轮椅使用者。秉持着"公园是每个人的公园"的理念，为了给每个人创造最佳的参观体验，在国家公园内，不仅有类似信息中心内部的轮椅及无障碍楼梯灯等随处可见的无障碍设施，甚至还为轮椅使用者专门开辟了部分无障碍游览路线，收录在为每位旅客发放的"旅行提示"（也有App的录音版）当中，供游客随时查阅和收听，这就意味着园内展览、餐饮和卫生设施的所有要点都可以供人们毫无障碍地使用。

需要注意的是，休闲作为巴伐利亚森林国家公园的五大目标之一，虽然听起来与经济效益、公园营收有着千丝万缕的关系，但实际上，低廉的门票价格以及周边住宿价格，使得国家公园的消费与进入门槛远低于一般的风景区或地标性景点。如此亲民、低廉的价格极大地降低了游客的游览门槛，并使得公园的教育和公益意义更加凸显。所有的门票收入与政府拨款一起，构成了公园的日常发展与建设经费，用于支付员工工资、动物救助及基础设施建设修葺，形成了人文与自然和谐共生的良性循环。

（五）国家公园融入当地人文生态

经过不懈的努力，德国已成功地将巴伐利亚森林国家公园打造成一个亲民、低门槛、与人类和谐共生的"野外之家"，人人都可以在这里收获休闲和知识。从自然保护区到国家公园的建设，其转变旨在促进森林与当地文化和经济结构相互融合，特别是在对外开放的旅游区，这一融合的趋势更为明显。在德国边境处，公园与捷克共和国的跨境合作以及对当地公共交通建设的努力也得到联邦政府的高度支持，并且作为国家公园的建设任务之一加以推进。此外，未被纳入国家公园内部的森林也受到公园的保护和管理，以保持公园内外整个生态系统的平衡，以及为城市和公园之间提供一个天然的缓冲带。所有的这些都为世界其他地区国家公园的建设与规划提供了高度的参考价值，也让人们意识到开发与保护不再是天平的两端，而是可以并行不悖、相辅相成。

作为德国历史上第一座国家公园，也是德国在国家公园建设领域做出的第一次探索和尝试，巴伐利亚森林国家公园管理局的任务和目标亦被载入德国国家公园管理条例的主体部分，为其他德国国家公园的建设与规划提供了更广泛、更深远的指导。

第二节　澳大利亚乌鲁汝-卡塔曲塔国家公园案例分析

一、乌鲁汝—卡塔曲塔概况

（一）区位与地理位置

乌鲁汝—卡塔曲塔国家公园是位于澳大利亚北领地（澳大利亚的一个自

治地区，位于大陆北部的中央）的南部，1981年被列入世界自然遗产。其中最著名的地标是乌鲁汝和卡塔曲塔。

（二）著名地标——乌鲁汝和卡塔曲塔

乌鲁汝不仅是乌鲁汝—卡塔曲塔国家公园最著名的地标，在澳大利亚全国范围内来看，也是最知名的自然地标之一，位于距其最近的大镇艾利斯斯普林斯南边335千米处。它是由纹理粗糙的长石砂岩所组成的一座孤山，之所以称之为孤山，是因其是由一座原始山脉逐渐侵蚀后剩下来的残存孤山；因其是世界最大的独块岩体，因此也常被叫作独块巨石。而为了说明其同质性以及其河床表面连接点和分界点缺失导致卵石斜坡和土壤无法形成的地质特点，地质学家把组成乌鲁汝的岩石层称之为木提曲鲁长石。尽管这座孤山的很大部分是在地下，但高于海平面的部分仍高达863米，其中砂岩地层348米，周长9.4千米。

作为北领地第一个双名制的特色景点，乌鲁汝也被当地原住民皮詹加加拉人称为皮詹加加拉，也被用作当地家族姓氏。1873年地质勘探家发现这座孤山并称其为埃尔斯岩。2002年，应艾利斯斯普林斯地区旅游协会请求，政府将这座孤山命名为"乌鲁汝埃尔斯岩"。[①]

乌鲁汝作为乌鲁汝—卡塔曲塔国家公园世界自然遗产的最著名的一部分，有其独特之处，即岩体表面颜色会随时间变化而改变。例如，拂晓和黄昏时的一片艳红，久旱甘霖下难得一见的缕缕银灰，又或是随日出日落呈现的蓝、灰、粉、棕等各种颜色。

乌鲁汝不仅仅作为一种自然遗产为人们所向往，其作为一种文化遗产，澳大利亚原住民的圣地，连同附近的卡塔曲塔（也被称作奥尔加山或奥尔加斯，位于乌鲁汝的西侧25千米处），一起发挥着重要的文化传播作用。

二、公园的管理模式

（一）所有权与经营权分离的管理模式

乌鲁汝—卡塔曲塔国家公园实行所有权和经营权分离的管理模式。《1976年原住民土地权（北领地）法》的通过使原住民法和土地权被澳大利亚法律所承认。1985年10月26日，乌鲁汝—卡塔曲塔国家公园的产权契约也被交还给了传统的所有者，即所有权属于乌鲁汝—卡塔曲塔土著土地信托公司。土

---

① 邢涛，龚勋. 鬼斧神工的100自然奇观 [M]. 杭州：浙江教育出版社，2011：30.

地信托基金已按照《土地权利法》将土地出租给国家公园管理董事会理事长,以便作为保护区进行管理。此举为原住民参与联合管理奠定了坚实的基础。在此基础上,乌鲁汝—卡塔曲塔国家公园实行联合管理的管理体制。所谓联合管理,是指国家公园管理董事会理事长在澳大利亚环境和能源部下属的澳大利亚国家公园和野生动物管理局的协助下,与原住民共同管理公园。此联合管理以土著人对土地的所有权为基础,并得到《环境保护和生物多样性法》规定的法律框架的支持。

(二)联合管理系统

联合管理是通过一套系统的管理系统实现的,该系统主要包括:管理董事会、Parks Australia(配合国家公园理事长、联邦公园管理局管理六个联邦国家公园、澳大利亚国家植物园和58个澳大利亚海洋公园的部门)、传统土著公园所有者、Muttjulu 社区,以及中央土地委员会 CLC、Mutitjulu 社区联络官、管理董事会秘书、董事会协商委员会、联合管理伙伴关系小组等各方在其中的协调和交流。

在这个联合管理安排中,原住民通过加入乌鲁汝—卡塔曲塔国家公园管理董事会并占其大多数的方式参与公园管理的决策。管理董事会包含12位成员:由 Anangu(Anangu 是来自澳大利亚西部沙漠地区的土著人 Pitjantjatjara 和 Yankunytjatjara 用来称呼自己的术语)提名的八名原住民成员;由联邦部长提名并经 Anangu 批准的,负责旅游业的一名成员;由联邦部长提名并经 Anangu 批准的,负责环境的一名成员;由北领地政府提名并经 Anangu 批准的一名成员;以及国家公园管理董事会理事长。[①]

其中,国家公园管理董事会理事长负责公园的管理控制,以及生物多样性和遗产的保护等,并且和管理董事会共同负责制定公园管理计划、政策和决策。而 Parks Australia 则负责日常管理和执行董事会决策的任务。

在管理董事会中,大多数成员必须是由公园土地的传统土著所有者提名的土著人,并且新提名程序开始前,董事会成员通常任期五年。所有候选人均经部长协商后任命。董事会每年至少召开四次会议,所有事项均以英语与 Pitjantjatjara 或 Yankunytjaljara 进行讨论。其职能主要是:做出与公园管理相关的决策,使之与公园管理计划相一致;参与公园管理计划的编制;监督公园的管理;就公园未来发展的各个方面向部长提出建议。

乌鲁汝—卡塔曲塔传统业主居住在澳大利亚中部的许多社区。Mutitjulu 社

---

① 韩嫣薇,杨凡.世界遗产概论[M].杭州:浙江工商大学出版社,2014:146.

区是这些社区之一，位于乌鲁汝—卡塔曲塔国家公园内。Mutitjulu 社区土著公司（MCAC）代表该社区。

乌鲁汝—卡塔曲塔国家公园的联合管理始于 1985 年底。根据《1976 年土著土地权利（北领地）法》，中央土地委员会（CLC）作为乌鲁汝—卡塔曲塔土著土地信托基金的代表，负责保障传统所有者的利益。中央土地委员会通过协助公园内和周围社区的利益，负责进行咨询，就其土地进行谈判和协商，确保租约的条款得到遵守，在公园的联合管理中发挥着重要作用。例如：Anangu 需要通过 CLC 联合管理官员和 Mutitjulu 社区联络官的雇佣，才能成为公园的顾问、护林员和承包商。

社区联络官是由董事会为其职位提供资金，辅助 Muttjulu 社区和 Parks Australia 之间的联络，并向董事会提交 Muttjulu 社区的意见。

联合管理伙伴关系小组的成立是为了帮助推进公园的联合管理，讨论相关的多个社区问题。在编制管理计划时，该联合管理伙伴关系小组由中央土地委员会联合管理主任、社区联络主任、董事会秘书及公园经理组成。

董事会协商委员会中有三个方面的咨询委员会协助董事会做出决定，分别为旅游业、电影和摄影、文化遗产和科学。这些委员会根据董事会确定的职权范围成立和运作，并提供其专业知识，以加强组织之间的理解和合作。其中，委员会一般由 Nguraritja 代表、Parks Australia 工作人员、中央土地委员会代表和相关领域的专家组成。

三、文化的管理

乌鲁汝—卡塔曲塔公园是一个栩栩如生的文化景观，是澳大利亚中部干旱环境的典型代表，拥有多种物种，包括许多濒危物种或分布有限的物种。它独特的自然景观与文化密不可分。因此保持健康的文化景观将有助于维护乌鲁汝—卡塔曲塔公园的世界文化遗产价值。

（一）对文化遗产的无形方面的管理

1. 无形文化遗产的管理指标

公园文化景观的价值通过对 Anangu 文化知识的持续使用和适当保护得以维持。它通过以下几点衡量无形文化保持的程度：正在记录的传统业主口述历史的进展程度；土著文化和知识产权（ICIP）受到保护的程度；参与文化遗产管理项目的年轻 Anangu 人数的增长水平；文化遗址管理系统储存文化遗址信息和口述历史的程度；支持公同内文化活动的程度；游客对公园的文化意义；对 Tjukurpa 概念和文化景观的认识程度。

2. 土著文化和知识产权（ICIP）

土著文化和知识产权（ICIP）是一个用来描述土著文化材料的术语。对 Anangu 来说，重要的是保护他们的 ICIP，其中包括：形成 Anangu 文化的不动产文化财产，例如圣地；具有文化意义的文化物品，例如圣物；传统艺术，例如岩石艺术；当代艺术，例如绘画和其他 Anangu 完成的作品等。

虽然 Tjukurpa 中的规则传统上保护 ICIP 免受 Anangu 和其他土著人不当的接触和使用。然而，非 Anangu 为了一系列目的，例如一些公园管理者、旅游业和广告业从业者、电影制作人、摄影师和创作艺术家、学者和科学研究人员（包括从事生物勘探的人员），一直在使用 ICIP。

因此 Anangu 为了保护 ICIP，在两个方面采取适当的管控。第一，通过禁止不当使用文化材料和图像，保护神圣的秘密材料、重要仪式、重要故事和知识的文化完整性，按照传统信仰传递信息等方式，来控制 ICIP 的使用。第二，通过承认 Anangu 为 ICIP 的所有者，支持 Anangu 分享 ICIP 的货币与非货币的利益，检测 ICIP 的使用等方式，来对 ICIP 的使用方式进行适当控制。除此之外，还可以通过法律条例对 ICIP 进行保护，例如 EPBC 法和 EPBC 条例保护图像采集、生物勘探以及圣地和其他重要地点的准入管理等方面；1968 年版权法保护表演者的权利和精神权利。但是到目前 ICIP 还并非所有方面都有相应的法律保护，因此董事会正在为此采取行动，例如修订商业拍摄准则等。

（二）对文化遗产的有形方面的管理

1. 有形文化遗产的管理指标

公园文化景观的价值离不开有形文化遗产的适当管理。它通过以下几点衡量有形文化保持的程度：开展和记录的文化检查次数；经评估保存的岩石艺术地点的比例；涉及圣地的合规事件数量；提供和使用存放文化物品的场所管理；文化遗址管理系统和 Ara Irititja（有形文化遗产管理使用的数据库）内存放有关文化材料的情况；受损的岩画遗址数量和修复的比例。

2. 有形文化遗产管理使用的两个数据库

公园使用了两个数据库，以便于适当储存和获取文化材料。一是园内设有的文化遗址管理系统，用来储存数码影像和录音资料。二是区域使用的数据库 Ara Irititja，通过这个数据库，公园可以与南澳大利亚博物馆以及其他西部沙漠社区合作，灵活地提供文化物料存放场所。

因为越来越多的与公园文化历史和传统相关的资料储存在其他地区，这些文化材料对 Anangu 来说很重要。理事长有责任协助 Anangu 保护公园内的文化区以及具有文化意义的物质。此外一些政府机构和其他机构在这些问题上也负有一定的责任。为此政府成立了一个文化遗产及科学咨询委员会，就一系列事宜向董事会提供意见，包括审阅及修订《文化遗产行动计划》，并予以实施。委员会由 Anangu、科学家、中央土地委员会的代表、文化遗产专家和公园工作人员组成。

四、企业管理

（一）基础建设与基础设施管理

公园内的基础建设和基础设施包括公园管理资产和设施，如通道和步行道、员工住房、无线电中继器、发电机、车间以及游客设施等。

Parks Australia 负责 Mutitjulu 的一些社区用途基础设施的建造和维修工作。工作人员住房主要在公园内的兰格维尔、Mutitjulu 社区附近以及尤拉蜡。为了缓解现有员工住房和能源供应的压力，在公园外的尤拉蜡额外建了一些住房。

公园的超高频无线网络用于日常巡逻、应急等工作。由于公园内的岩石阻挡了无线电信号，因此五个中继站被部署在公园内和公园附近的适合位置。为了及时通知公园工作人员紧急情况，乌鲁汝—卡塔曲塔周围的几个地点都有无线电警报供公园游客使用。此外，公园还拥有便携式超高频无线电，可直接与参与协调应急行动的飞机通信。

Parks Australia 目前为 Mutitjulu 社区以及公园的商业基础设施提供供水、供电和污水处理服务。公园的发电机为所有设施和 Mutitjulu 供电，在公园总部、入口站配备柴油发电机。Mutitjulu 附近有一个用于处理来自 Mutitjulu 的污水的一个处理池系统，以及一个独立的系统服务公园总部、文化中心和 Uluru 基地的公厕。所有这些目前都由 Parks Australia 管理。然而，目前的污水池已接近最大处理能力，因此考虑新技术以尽量减少影响正变得越来越重要。Parks Australia 车间位于 Mulitjulu 的一个围栏大院内。该车间存放 Parks Australia 用于公园日常运营和维护的材料和设备。一些基本建设工程基础设施由外部机构管理。

对于这些各类基础设施，公园管理人员会采取一些管理措施，如：通过基建工程和基础设施的管理和维护系统去延长资产的成本效益寿命，改善和维持资产性能，确保基础设施资产状态安全。理事长设法解决职工住房的数量和质量上的不足，如：选择将园区的一些基本服务外包，以使园区资源可直接用于园区管理。

(二) 事件管理

北领地警察、消防和紧急事务处负责保护生命和财产，并向北领地各地广泛分布的社区提供灾害和紧急管理。北领地消防和救援处是其中的一个部门，根据《NT 火灾和紧急情况法》（NT，Northern Territory）的规定，负责在应急区域应对火灾和紧急情况。该部门在尤拉蜡有一个基地，主要提供侧重点不同、主次分明的、结构性救援工作部署和防火响应能力。北领地紧急事务处是北领地警察、消防和紧急事务处的另外一个部门，该部门由志愿人员和工作人员组成，他们在领地各区域内提供应急处置。不过，目前该部门在尤拉蜡没有基地，该组织最近的设施在艾利斯斯普林斯。因此很大程度上由 Parks Australia 负责应急响应，其中大部分涉及搜救行动，包括攀岩救援。Parks Australia 拥有强大的灭火能力，不仅保护公园内区域，在需要时还可援救埃尔斯岩度假村。

对于其他类型的事故，如交通事故，警察和医疗服务部门负有领导责任。然而，公园工作人员通常是第一个到达现场的，因此可能需要承担紧急事件响应角色。对于可能发生的大规模事件，例如可能由野生动物传播的疾病，在这些情况下，公园工作人员与北领地和澳大利亚有关政府机构合作解决。

(三) 研究与监测管理

有效的研究和监测提供了必要的信息，以协助主任和董事会以及澳大利亚政府就公园的管理做出合理的决定。此项工作可由公园管理人员或理事长聘用的顾问完成，也可以与其他政府机构、组织和个人合作进行：公园的研究和调查结果提供了有关自然和文化资源以及游客使用公园的宝贵信息。

定期监测揭示了与基线信息相关的情况是否发生了变化以及如何发生变化，有助于评估管理方案的有效性，有助于做出更好的管理决策。公园内的动植物监测为区域保护计划、当地土著企业和旅游业提供了有用的信息。许多动物及其栖息地的数量和分布的间歇性波动意味着长期监测计划对于确定趋势至关重要。定期实施游客监控计划，了解谁参观了公园、游客如何使用公园以及游客满意度水平。

获取生物资源（也称为生物勘探）是指获取本地物种的生物资源，用于研究和开发任何遗传资源或化合物。EPBC 条例规定，任何想要获得生物资源的人必须获得部长和"提供者"的许可。

第三节　南非克鲁格国家公园案例分析

一、公园概况

（一）基本情况

克鲁格国家公园是南非最大的野生动物园。公园位于南非德兰士瓦省东北部，勒邦博山脉以西地区，毗邻津巴布韦、莫桑比克两国边境。公园长约320千米，宽64千米，占地约2万平方千米。目前南非境内共有18座国家公园，克鲁格公园是其中最具有标志性的公园。克鲁格公园是世界上自然环境保持最好的、动物品种最多的野生动物保护区之一，在动物保育、生态旅游以及环境保护的相关技术与研究方面，也居世界领导地位。

克鲁格国家公园是南非最大的野生动物保护区，以其动植物的多样性和完善的旅游设施著称。公园属于亚热带气候，温暖湿润，土地肥沃。六条河流穿过公园，园内大部分为多岩石的开阔草原，也有森林和灌木丛，北部还有众多温泉。

克鲁格国家公园由六大各异生态系统构成，包括刺槐、马鲁拉等灌木构成的灌木地带，生长有猴面包树的沙漠地带、河岸的森林地带、阔叶树崎岖地带和阔叶林地带。这六大生态系统包含的植物种类达到两千余种，包括非洲独特的、高大的猴面包树等。

在克鲁格国家公园内有品种繁多的野生动物，其种类和数量在世界上首屈一指。公园不仅有著名的"五大野生动物"——犀牛、大象、狮子、野水牛和花豹，还有黑角马、长颈鹿、羚羊、长颈鹿、斑马、鳄鱼、河马、豹、牛羚、黑斑羚、鸟类等珍稀动物。[①]

（二）重要属性

公园的重要属性是其重要特征，与利益相关者一起，克鲁格公园确定了公园至关重要的12个属性。这些是：

（1）南非的标志性野生动物景点和标志性的当地体验；

---

① 乐八一. 世界著名公园[M]. 秦皇岛：燕山大学出版社，2016：126.

（2）当地和国际范围内多样化和独特的游客体验，有利于保护地的利用；

（3）成为地区旅游业和经济发展的催化剂；

（4）国际认可的品牌和独特的全球旅游目的地；

（5）在安全的大保护区体验野生动物；

（6）具有多种土地用途的多样化区域景观；

（7）公园内多条多样的河流，促进生物多样性和区域社会生态连通性；

（8）基本完整的生物群和生态过程；

（9）丰富而独特的自然、历史和文化遗产；

（10）完善的基础设施；

（11）国际公认的长期机构管理的丰富经验、声誉、提供支持管理决策的洞察力；

（12）多样的利益相关者关系和合作治理。

二、公园保护管理模式

（一）所有权和管理体制

克鲁格公园采用的管理模式是自上而下垂直管理模式，由南非政府进行直接管理。南非的国家公园是一种国有的自然保护地，一般在国有土地上建立，或接受私有土地捐赠、赎买私有土地后设立国家公园，均由国家成立专门管理部门进行垂直管理。克鲁格国家公园是由南非国家公园管理局进行直接管理。在南非，国家保护区和国家公园在资源特征和保护目标等方面并没有本质差异，区别在于国家保护区为私人土地，一般由南地方政府管理。

克鲁格国家公园属于国家土地，一切均由南非政府授权的国家公园管理局进行管理和规则的制定。这种自上而下的垂直管理模式，使得克鲁格公园的管理和运行更加具有效率。因为南非整个国家的国土都处在自然保护区中，人民和自然动植物的关系非常紧密，政府在制定政策时，考虑人的同时，也会考虑自然界的动植物。因此，克鲁格国家公园作为南非最大的野生动物保护区，由国家公园管理局管理和制定政策，既有利于制定和执行同时有益于人类和动植物的保护区管理措施，又能够更高效率地建立人与自然和谐相处的自然保护地。[1]

---

[1] 叶昌东，黄安达，刘冬妮. 国家公园的兴起与全球传播和发展[J]. 广东园林，2020，42（4）：15.

(二) 契约管理协议

契约管理协议是国家公园与社区和私人土地所有者共同协商解决公园土地使用问题的可用的选择之一。通过签订契约管理协议，土地所有者成为公园的利益相关者，为改善与公园相关的生态系统服务，对其他核心功能，如旅游、社会经济利益和管理考虑——如安全和安保、外来入侵者物种管理等其他风险因素——都具有贡献。从以下的克鲁格公园的马库勒克契约土地的具体管理协议可以看出，私人或社区土地所有者和国家政府签订合同协议，土地所有者也为公园的各方面建设做出贡献，提供帮助。

克鲁格公园的马库勒克契约土地，也被称为帕夫里三角，从林波渡河延伸到卢武夫河。1998年，马库勒克社区是公园南部最早的社区之一，在1994年国家民主化后获得土地所有权。南非政府以《定居协议》赋予马库勒克社区开发该地区的权利，使社区获得社会经济效益，但前提是要用于保护野生动植物。国家公园管理局订立一项负责该地区的养护管理的为期50年的协议，按照该协议将马库勒克土地并入公园，20年后进行审查。公园与马库勒克社区签订的共同管理协议由联合管理委员会管理，代表社区财产协会和国家公园管理局，并通过联合管理委员会开始运作。根据签署的管理协议以及该区域的管理计划，同意马库勒克地区将通过与公园的共同管理安排进行管理。马库勒克社区成立了一个社区财产协会，以获取、持有和管理这片土地。根据马库勒克土地归还解决安排，索赔人的所有权财产被归还给索赔人，国家公园管理局与社区签订了一份合同，将社区置于协议框架下管理，共同管理协议规定可持续利用特定的自然资源，由法律框架管理总体协议。马库勒克共同管理协议和体制安排目前正在审查中，以寻求与大林波波跨界保护区的进一步的协调合作。这将寻求利用跨界旅游和社会经济的机会，同时促进更广泛的基于景观的无缝保护管理和公园运营。

(三) 创新性保护措施

克鲁格国家公园的野生动物保护管理处于全球领先水平。通过几十年来持续的保护和制度的创新升级，克鲁格国家公园从建立初期的野生动物盗猎的重灾区，转变成为全球野生动物保护的典型范例。

克鲁格国家公园的创新性保护措施主要包括以下两点。

1. 国家公园群的建立

2003年，为提高野生动物的保护成效，克鲁格国家公园与津巴布韦的刚纳瑞州国家公园和莫桑比克的林波波国家公园组成了国家公园群，共同建立了大林波波河跨境公园。三个国家的三个公园相连，且不设物理边界，野生动物可以自由越过国境线进行迁徙等自然活动。大林波波河越境公园的建立最初是由于非洲大象的自然迁徙需要。南非和莫桑比克两国拆除了两国之间分隔非洲大象的安全篱笆，野生大象的自然迁徙路径穿越了南非和莫桑比克这两个国家公园。之后，津巴布韦的刚纳瑞州国家公园也加入进来。为了保留野生动物的自然行走路径，保护野生动物的自然习性，三个国家共同建立起跨境公园，三个国家公园一起形成一个国家公园群。该野生动物园地跨非洲南部南非、津巴布韦、莫桑比克三个国家，面积达3.5万平方千米，成为非洲最大的野生动物保护地。

2. 战略合作伙伴关系

克鲁格公园积极努力促进多机构和部门的合作，在以下领域与一系列伙伴开展合作和协作，寻求共同利益，包括环境管理、社会经济、选矿、安全和安保、跨界准入、寻求集体投资机遇。这一持续过程还将解决与各种合作伙伴相关的风险，成为保护倡议的一部分。公园同时寻求存在于集体内部的协同机会，包括联合购买权，游说合理的立法，作为集体、联合目的地营销等。机构合作将通过更广泛的更大的综合发展方法和相关体制安排，保护公园网附近的土地利用，协调发展问题（促进一系列管理和兼容的农业实施方法）、增值链、青年方案、教育和认识、社区和野生动物内部的安全和安保等。这些综合发展方法和相关体制安排的具体实施将在地理集群中进行，使不同部门正式地在这些集群内拥有共同愿景、兴趣和任务的伙伴关系，同时还促进资源用于集体成果当中。这种合作将以宪法、法律框架、国家发展为指导计划，具体的计划包括省级增长发展战略、大林波波跨界公园条约、生物区域计划、农村发展计划和城市综合计划与发展计划等。

三、持续性发展

（一）安全、疾病防控和管理

克鲁格公园是世界上野生动物密度最大的公园之一，因此疾病的监控是非常重要的。公园里有大量多样的野生动物和社区家庭交会的地方，从城郊住宅到公共畜牧业、灌溉甘蔗生产和采矿区，都在距离公园5千米以内。这些密集的交会区域已经使得许多外来疾病，如疯牛病、狂犬病和犬瘟热从家畜传染到了野生动物。同时还检测到了诸如子宫肌瘤等动物疾病，这类疾病与气候周期相关。

克鲁格公园的疾病管理计划的目的是认可土著疾病是一种公园内生物多样

性的组成部分，同时限制外来物种的引入以防传播疾病，并尽量减少疾病在公园的传播。尽管疾病管理在自由放养的野生动物中有限，但重点在于疾病引入的预防（特别是外来疾病，如牛结核病、犬瘟热），并降低本地野生动物疾病的风险及对邻近的社区和他们的牲畜的影响。由于疾病的动态性和诊断测试的持续改进，疾病管理能够依据可用数据做出最优的决策。

克鲁格公园是热带草原公园，由于这里多样的动物（包括许多大型哺乳动物携带多种疾病并易受多种疾病影响的物种）和亚热带气候，存在着各种不同的病原体和载体。公园的边界是高密度的工商业、畜牧业和混合城郊与农村居民区，为疾病转移创造了一个密集的环境。就以下方面而言，靠近保护区也可能给社区畜牧业者带来巨大风险，甚至会直接影响疾病传播，也会使贸易增加强加的限制。牲畜，特别是牛，仍然是南非农村的经济支柱，但它们易受共享传染病的攻击，特别是野生牛科动物的一些疾病可能使家畜牛致残。

（二）可持续发展

克鲁格公园对未来的可持续发展有着清晰的计划。公园目前维持所有现有方案和项目的目的是通过克鲁格国家公园提供的机会，最大限度地增加克鲁格国家公园对社区发展的贡献，从而建立保护区。克鲁格公园的管理者勾画了公园未来的理想状态。为了有效地保护和管理公园的当前和未来范围，公园的理想状态是通过适应性规划来引导公园的日常运营和管理。为了达成这种期望的状态，公园管理者把重点放在公园和周边区域环境、操作原则和重要属性，主要目的是让这个公园独一无二。依据这一愿景来制定公园目标，加强积极的决定因素，削弱或消除消极的影响因素，以便使目标适合这个公园的独特性以及它所依存的景观环境。为此，可持续发展的管理计划根据其区域和本地环境进行制定，而不减损它与某些其他公园相似的一些更普遍的功能。以上管理计划确定了森林合作伙伴关系以及公园的愿景和中期（10年）与利益相关方合作实现愿景和使命的优先事项。

公园的愿景为其未来的可持续发展提供一幅设想的未来图景。南非国家公园管理局的愿景，包括克鲁格国家公园在内的所有国家公园的情况如下："连接社会的可持续国家公园系统"的任务定义了公园的基本目的，简洁地描述了它存在的原因以及它如何实现自己的愿景。从整个国家公园系统的角度来看，南非国家公园管理局已经确定了一个广泛的针对每个公园的愿景和战略方向。这一战略方向旨在补充其他公园在增加南非国家公园系统整体价值方面的作用，如生物多样性保护、娱乐机会和区域社会经济贡献。因此遵循公园的战略方向也为实施方案提供了信息。

第四节　泰国暹罗古城公园案例分析

一、暹罗古城公园概况

（一）公园地理位置

暹罗古城公园，也称泰国曼谷古城七十二府（现已有七十五府）、泰国古城博物馆，目前是全世界最大的户外博物馆。暹罗古城公园在距曼谷 30 千米的北榄府境内，是现代泰国人将本国各地历代有代表性的建筑物或仿造，或原物搬迁于此，在这里可以找到泰国各地最有名的建筑、纪念碑、庙宇的缩小复制模型，荟萃于此城之中而建成的一座人造古城。

暹罗古城公园始建于 1963 年，占地 315 公顷，修建工程异常浩繁，历时 20 年，与泰国国土的形状几乎相同，城内共有 75 处建筑，包括近 50 个府的名胜古迹，故有"小泰国"之称。[①] 古城内也反映了泰国古时的优美环境，非常接近过去的状态，森林丰富、空气新鲜、自然美好。虽然古城所在的地方是泰国有名的工业区，不过古城公园却成功成了保护园区内的绿色风光，呈现了古色古香的泰国。

（二）公园理念

为了传承泰国悠久的历史及文化，让下一代人们也能认识以前的泰国，华裔富商列克维里亚芬特（L. Viriyaphant）先生买下这片土地，创办了古城公园，基于对泰国历史和艺术的热爱，用了毕生的心血把这片广大的土地，设计成泰国国土的地形，并把泰国各地各区的历史或特色建筑，按原比例缩小百分之七十或八十后，原汁原味地重建在这个乐园的各个角落内。不仅如此，他还建立了芭堤雅的真理寺，以及离暹罗古城不远的三象神博物馆。

暹罗古城公园延续了创始者的精神，希望更多人们能了解泰国古时的价值及泰国社会的根源。暹罗古城公园的建立不仅具有经济效益，持续推动区域内的经济发展，而且具有社会效益，为当地居民创造了众多就业机会，将收入分

[①] 宋晗. 当代运动与艺术潮流亚洲建筑卷 [M]. 长春：吉林出版集团有限责任公司，2015：174.

配于社区群众,并让当地民众参与其中。

暹罗古城公园的价值不仅仅是一个旅游景点,它还是一个学习胜地,它是学习泰国文化、感受泰国历史的必去之处之一,来到了暹罗古城就像到了泰国每一个府去走过一遍一般。暹罗古城公园的票价一直以来定价很低,据工作人员介绍,低廉的票价仅仅能够支付公园日常的维护修缮费用,这从侧面反映出了公园具有的公益属性。

二、泰国公园管理体制

(一)泰国政府对于公园的管理

泰国政府对于国家公园的管理体制是自上而下型的。泰国国家公园管理主要是分为两个体系,一个是国家公园,另外就是森林公园。1961年,为保护好泰国的自然和生态环境资源,泰国决定建立国家公园,通过了《国家公园法案》并成立相应的管理机构。同年颁布了《国家公园管理条例》,对如何管理国家公园和保护自然资源等做出明确规定。此外,泰国也积极调动多机构力量,有泰国国家公园和野生动植物保护厅,还有自然资源与环境部、内务部、国家旅游局、警察局、港务局等,社区民众、非政府组织人员、科研人员等。

根据1961年颁布的《国家公园管理条例》,建立国家公园需经政府批准,由农业部的森林厅具体管理。这个机构的责任,主要侧重于风景区的保护。现在泰国的森林公园只有56处。国家公园由国家公园处管理,森林公园由林业厅分别授权林业区的林业办事处府的林业办事处和国家公园处分区负责管理。在分区方面,主要是每个国家公园当中设有林区、野生动物保护区、游览区、植物园、苗圃等等。目前国家公园已经成为泰国旅游业发展当中重要组成部分。

对于私人投资的公园,一旦公园建成,就归政府公园管理部门管理,泰国作为一个以旅游业为主的国家,加上其土地制度是地主所有制,在开放包容的态度下,政府并不排斥私人建立文化公园,相反是予以鼓励。暹罗古城公园属于私人所有,作为旅游景点对外开放,具备商业性质,但门票价格低廉,又具备公益性质受到政府的扶持,从传播泰国文化和保护文化遗产的角度上看,古城公园属于文化公园。[1]

---

[1] 周明. 世界旅游资源概论 [M]. 西安:陕西旅游出版社,1997:56.

（二）古城公园的经营策略

1. 维持自身经济效益

暹罗古城公园作为旅游景点，商业性的经营策略使其自身的营业收入用来维持公园日常清洁以及保持建筑的完好。商业经营使得暹罗古城公园从门票定价、园内消费物价、基础设施建设都更加具有经济效益，经营模式也随着社会发展快速更新。并不是非常昂贵的门票也是诸多游客选择前往的重要原因之一。

2. 坚持创新

暹罗古城公园不断加入新的建筑，也是经营至今的根本原因之一。随着几十年来泰国的发展变化，公园内由原来的七十二府增加至现在的七十六府，利用重大纪念日和传统节庆日组织形式多样的主题活动，开展宣传教育以及实景演出，更具新意的文化创意产品也吸引了国内外的游客前来消费。

3. 宣传文化的公益性

暹罗古城公园很好地传承了泰国文化，保护了泰国的历史，在保持其持续性经营的同时又可以公益性宣传泰国传统文化，不仅仅是国外游客来泰国旅游的必去之处，泰国本国的居民也常常前去参观游览。泰国旅游局大力支持其发展，为其在国家旅游局官网宣传，达到了很好的效果。

三、对我国的启示和借鉴

泰国国家公园的发展经历了四个阶段。第一个阶段主要是对全国自然资源进行调研，设立了36个主要开展林业和农业保育的国家公园；第二个阶段是开发阶段，在政府各部门的协作下，逐步开放小规模旅游，推动环境保护，宣传自然资源保护知识；随着泰国旅游业的兴起，在第三个阶段开始开发国际化旅游；目前，泰国提出"泰国4.0"经济战略，国家公园的发展更加强调智能管理。

（一）法律体系完备

泰国的《国家公园法》是旅游一类基本法，法律中对国家公园的性质、任务和目的意义等进行定义说明；同时，针对不同国家公园的不同特点，每类国家公园都会设立一部独立的公园法，对国家公园的开发运营方式及保护措施提供指导规范，对管理部门的职责义务进行准确说明，同时收集参考公众意见。这种出台法律使之有法可依，并针对不同国家公园因地制宜的做法值得我们参考和借鉴。因为几乎所有国家公园都具备投入大、周期长的特点，所以法律体系的完备性以及监管的连续性显得尤为关键。

(二) 管理机构职责明确

旅游业较为发达的国家，如美国、日本、泰国等，都有相关机构负责管理国家公园。机构的主要职责是为国家公园的长期发展提供方向性指导，为国家公园的建设提供帮助，此外，其最大的特点是独立性，独立性的好处在于可以一定程度上避免受到不同利益集团的影响，从而使得决策更加清晰透明，确保机构职能正常发挥作用。

(三) 景区保护与区域发展的协调统一

我国实施某些景区保护，当地社区群众生活受到较大影响，处于被动的地位，导致景区的建立和维护缺少当地社区居民的参与和认可。虽然一些保护区出台相关方案，比如建立社区联合保护机构，但是实际中存在偏重保护责任，忽视居民利益的问题，加之保护区内部分居民环境意识较差，当地居民破坏环境换取经济利益的行为时有发生。因此，可以借鉴其他国家有关做法，在建立保护区时充分考虑当地居民的意见和建议，政府强制管理与鼓励居民参与合作相结合，形成保护管理与当地社区发展的紧密联系，而且管理模式要依据发展状况进行相应调整。

(四) 允许私人部门参与

暹罗古城公园完全由私人出资建立，经过几十年的时间发展成为今天的文化公园，这种私人属性与公益性质的良好兼容值得我们借鉴。宣传国家文化、保护传统文化不仅仅是政府的责任，也是每一个公民的义务，在这个方面，政府与个人具有相同的社会责任。我国目前不能完全照搬国外经验，但可以在景区的基础设施建设当中，引入 BOT 模式。[①] 财政拨款提供内部基础设施的新建和维护，为旅游者提供必要的服务设施，包括公路、便道、乃至各种牌示以及游客中心等等。而园内的辅助设施和服务型项目，例如住宿设施、饭店等，由私营部门提供，国家资本则不再介入。

(五) 建立完备监督措施

暹罗古城公园的私人所有的属性要求其具有更加缜密的监督体制，防止文化宣传过于商业化，杜绝在传统文化方面认识不清而错误宣传的可能。在国家

[①] 邹统钎. 国家文化公园管理经典案例研究 [M]. 北京：旅游教育出版社，2020：89.

文化宣传方面容不得半点马虎，这就体现了监管部门的必要性。首先文化旅游局的监督管理部门应招募文物资深研究员、古建筑研究专家、文化历史专家学者等作为监督专家委员会，与当地的政府官员和相关负责单位共同监控文化公园的建造和经营行为，防止文化公园所展示的内涵出现错误，以及防止景区过于商业化。其次，监督管理部门要与环境资源保护局加强联系，加强跨部门协调，共同监督景区以及景区周围的环境变化，保护景区的自然资源和建筑物，但同时也要注意防止形成"监管真空地带"，将权责细分，相关法律法规紧密衔接，使得监管能有效落到实处。

（六）发展园内文化衍生品

泰国古城文化公园发展状况良好，持续修建新的建筑物来丰富园区，始终跟随泰国的发展而发展，其中重要的原因之一就是创新带来的经济效益为其进一步的发展奠定了基础：在数字化信息时代，国家公园未来的发展不仅仅局限于现场参观，创新文化公园内的纪念品、文化体验活动，既可以丰富园区的内容，强化宣传，也可以为园区创收，助力其更好地发展。我们可以利用现有设施和资源，依托国家数据共享交换平台体系，建设国家公园官方网站和数字云平台，引入虚拟现实技术，对历史文物和自然景观进行网络线上展示，对诗词歌赋和典籍文献进行数字化转化，建设一个可以实时参观、随地登录的数字国家公园。

（七）多元化宣传

利用各种载体来宣传、推广文化公园，提高我国文化公园的知名度，打造文化公园的特色品牌。我国传统文化需要青少年的参与，才会焕发生机。各大高校的学生利用假期来文化公园体验调研，达到点到面的宣传目的，不但可以增强民族的文化认同感，还可以增强国民文化自信。

第八章　国家文化公园延伸性问题探讨

建设国家文化公园，是以习近平同志为核心的党中央做出的重大决策部署，是推动文化繁荣发展的重大文化工程，也是保护传承弘扬社会主义先进文化、革命文化、中华优秀传统文化的创新之举。国家文化公园建设应当考虑文化数字化视角下的国家文化公园发展问题、国家文化公园与乡村振兴问题、国家文化公园与乡村振兴问题以及国家文化公园的"国家性"建构问题。

第一节　文化数字化视角下的国家文化公园发展问题探讨

一、文化数字化视角下的国家文化公园发展面临的挑战

（一）文化数字化资源呈碎片化

数字化的文化资源呈点状零星分布，且文化数字资源之间缺少统一的数字化信息数据库整合，导致已经完成数字化的文化资源之间不能进行数据的交换和联通，限制了文化资源数据的共享、文化产业链的协调合作，一定程度上影响了文化资源的数字化整合及其优化利用，与此同时，还影响了文化产业的运行效率和服务质量。

（二）文化数字化技术受到制约

虚拟现实与人工智能还有一定的技术上升空间，文化数字化的品质尚待提高。与此同时，新技术对网络基础的要求较高，我国文化基础设施相对滞后，还缺乏能提供规划设计、数字采集、数字运营、数字监管等一体化服务的第三方技术服务商，特别是受经济水平、文化市场消费需求的影响，我国东、中、西部地区文化数字化的发展水平不均衡，文化数字化进程仍需长远规划。此

外，信息技术与文化应用转化的滞后性也是一大挑战。现行的数字化工作在传统文化体系的基础上开展，而传统文化体系的固有机制和模式存在制度惯性，数字化转型的阻力依然存在，如何全面有效快速地将新兴的数字化技术应用到文化行业是目前亟待解决的问题。

（三）文化数字化人才资源匮乏

文化产业的数字化转型尚存在较大的人才缺口，尤其是在网络技术、数据存储、信息处理、软件开发、电子商务、虚拟现实、人工智能等方面的专业化技术人才紧缺。然而，文化人才培养体系中缺乏对数字化技术的考察和规划，仅设置了少量大数据方面的课程，综合性、系统性、实践性的文化数字化专项课程尤其短缺。此外，政府对该类人才的专门培养方案相对匮乏，相应的人才引进政策不够完善，对跨专业的综合性文化数字化人才的吸引力不高，不利于文化数字化人才的成长和培育。与此同时，文化企业中数字化人才岗位设置还存在数量少、体系不科学、配置不完善等情况。

二、文化数字化视角下国家文化公园的建设动力与发展向度

基于国家文化数字化的战略目标和具体任务要求，国家文化公园正在迎来新的发展机遇。

第一，国家文化公园数据资源是中华文化数据库必不可少的组成部分，资源数据化是构建国家文化大数据资源体系的必然要求。关联形成中华文化数据库是实施文化数字化战略的重点任务之一，是国家文化大数据体系供给端口的数据依托。目前在建的五大国家文化公园文化资源类型丰富，是中华优秀传统文化、革命文化和社会主义先进文化的精华所在，更需要科学保护、完整传承。

第二，国家文化公园作为国家重大文化工程，也是文化和旅游高质量融合发展的重要工程，应通过技术创新、服务创新等多个维度推动国家文化公园高质量发展。一方面，从概念上来看，国家文化公园天然具有文化和旅游的基本属性；另一方面，在目前已出台的国家文化公园建设方案中，文化旅游融合被纳入主体功能区和基础工程。当前，我国文旅融合在部分项目建设过程中仍然存在着"两张皮"的现象。党的二十大报告明确提出要"推进文化和旅游深度融合发展"，实现这一目标意味着产品、服务、资源、产业发展等多方面的深度融合。科技在文旅融合中起到了助推器的关键作用，数字化对文化和旅游行业变革的影响表现在需求端、供给侧与公共服务等多个方面。

第三，国家文化公园需要通过数字化建设推动国家文化资源服务实现均衡

供给。长期以来，我国文化资源、产品和服务存在着类型多样、分布不均与利用不足的问题。党的十六届五中全会通过的《中共中央关于制订国民经济和社会发展第十一个五年规划的建议》中创新性地提出了"公共文化服务体系"的概念，党的十八届三中全会明确提出"构建现代公共文化服务体系"的目标。国家文化公园的公共性特征要求其必须发挥文化惠民作用，保障人民群众的基本文化权益。[1]

数字变革时代已然来临，国家文化公园的建设理应顺应时代发展，立足区域现状，其未来主要有四个发展方向。

第一，资源上"云"形成文化数据并广泛关联其他文化数据源和文化实体，为深度挖掘数据价值奠定基础。国家文化数字化战略在目标和重点任务中都体现了"关联"的重要性和价值，五大国家文化公园的各类资源"云"丰富了文化保护手段，同时其中涉及的信息并不是单一孤立存在的，未来还需要进一步与其他相关信息资源和文化实体进行链接。

第二，以技术创新引领虚实融合服务生态。现代信息技术的不断迭代加快了不同产业的融合发展，同时也促进了其与实体经济的互融共生，2021年开始爆火的关于"元宇宙"的探讨即是一个佐证。数字时代以强通用性、强交互性、高增值性为特征，数字时代的国家文化公园既拥有文化实物空间载体，同时也将在数字技术的带动作用下进一步创新产品和服务生态，成为虚实融合的典型案例。

第三，以文化资源激发产业创新活力。国家文化公园若失去文化，就丧失了它的价值。国家文化数字化战略中明确提出推动文化资源转化为生产要素。国家文化公园建设应以"文化"为核心价值，以文化要素推动产品创新、园区产业创新，进而发展新型文化业态和文化消费模式。

第四，以数字化实现线性文化遗产的保护治理现代化。当前，我国大型线性文化遗产以及文化与自然双重遗产大多处在文物、文旅、国土、林业等多部门管理的模式之中，国家文化公园数字化建设一方面可以推动实现线性文化遗产的数字化保护，另一方面也可以建立新的监督管理机制，推进区域文化治理的现代化。

---

[1] 范周.文化数字化战略背景下国家文化公园的发展向度和建设思考［J］.人民论坛（学术前沿），2022（23）：48-55.

三、文化数字化视角下的国家文化公园发展对策

(一) 着力推进文化数字化资源的整合

要解决文化数字化碎片化问题,首先需要实现数据整合。在全面统筹协调各方利益权属的前提下,通过共享政策引领,打通文化数字资源所属主体之间的资源整合渠道,实现数字化文化资源的互利共享。其次,需要实现行业整合。利用异构数据共享技术构建行业间文化资源数据共享平台和数据库,实现信息资源的行业共享,为实现文化资源统筹管理和优化利用提供可能。最后,需要实现价值链整合。通过疏通文化产业上下游价值体系,积极推动价值链的全行业互联互通。只有着眼于文化数字资源系统,注重资源间的内外部联系,营造开放和谐的资源共享环境,做到资源互通、资源互补、资源共享、资源互利,才能实现文化资源的可持续利用。

(二) 加快文化数字化技术的革新与转化

一要积极推动数字化技术革新。积极推动新兴技术的发展,为文化数字化提供新的增长点。二要注重数字化技术在文化产业的成果转化。借助高新科技手段,对文化资源进行再创造,打造沉浸式文化体验,在数字技术助力文化产品开发、目的地形象塑造、宣传教育和国际国内传播等环节,实现文化与科技的有机结合。与此同时,需推动相关政策制定,为文化数字化技术的发展和转化提供更多支持,积极推动文化数字化建设。

(三) 重视文化数字化人才的培养

首先,需要适应文化快速信息化的进程,适时调整人才培养方案,在文化职业教育、文化专业教育、文化研究生教育等不同阶段,有倾向性地增设文化数字化服务与管理等方面的综合性课程,使得人才培养适应文化数字化发展的进程,尽量缩小人才培养与用人需求之间的差距。其次,制定合理的人才引进、培育政策,建立文化数字化人才培养基地,针对数字化人才引进、培育、安置等不同环节制定人才育留计划,以吸引文化领域以及跨专业综合性的文化数字化人才深入到文化数字化的各个环节,为中国文化的数字化保护、传承和利用精进技术、开拓道路。最后,对文化数字化应用较多的部门,应增设文化数字化岗位、加大综合数字化人才储备,积极发挥数字化人才的作用和优势,为文化数字化发展照亮道路。

（四）明确并保护文化数字化产权

一是要明晰文化数字化产权的界定，厘清原始文化、文化数字化成果与后期混合数字化成果的关系，确定原始成果先保护的原则，明确侵权损害赔偿制度，保护文化数字化成果的知识产权。二是建立文化数字产权分类保护体系，构建文化数字技术、文化数字成果、文化数字资源的分级、分类保护体系。三是完善文化数字化产权保护体系，提升司法审判质量和效率，采用大数据、云计算等智能手段，解决文化数字化产权类型多样、数量庞大、权利主体复杂等现实问题，提升产权保护的针对性和效率。四是加强国内外文化数字化知识产权保护的交流合作，提升文化数字化产权保护的共享性和国际化水平。

（五）解决文化数字化衍生的社会问题

首先，着力构建健全的岗前培训、在职培训等职业能力提升制度和体系，通过对文化从业人员的职业能力培训，提升其数字化业务水平，以适应文化数字化发展的需求。其次，强力推进文化产业的数字化转型升级，以数字化为手段，优化传统文化业的产业结构，提高传统文化业的资源匹配能力和信息整合能力，为文化业的发展提供新的增长点。最后，积极推动西北内陆地区文化数字经济发展，以数字文化带动地区发展，缩小区域文化经济差异，积极发展共享经济，促进资源整合，协调社会各方利益，保证文化业全面、协调、可持续发展。

（六）政府引导、社会共创与民众参与

一是文化数字化发展离不开政府的引导，政府通过建立多元化的文化数字化支持体系、制定文化数字化工作制度、指导文化数字化开发项目等，为中国文化数字化指明方向。二是文化数字化发展离不开社会各界的合作共创，需要科研机构、高新企业为文化数字化提供技术助推动力，高校等文化人才培养机构为文化数字化提供人才保障，博物馆、图书馆等公益性的社会机构以及社会团体为文化数字化提供公共文化资源。三是文化数字化的发展离不开公众的积极参与，积极激发公众参与文化数字化体验的热情，是文化数字化可持续发展的保障。在政府引导的基础上，积极调动社会各方力量，共同推动中国文化数字化发展进程。[①]

[①] 邹统钎.中国文化数字化发展现状、问题与对策[J].人民论坛（学术前沿），2022（23）：56-66.

第二节　国家文化公园与乡村振兴问题探讨

一、国家文化公园建设需要厚植乡村文化特色

（一）国家文化公园发展需注重整体性与层级性的统一

国家文化公园建设，就是要整合具有突出意义、重要影响、重大主题的文物和文化资源，集中打造中华文化重要标志，也即将丰富的文物和文化资源整合在一定的文化价值体系之中，从而有利于集中整体呈现中华文化价值理念和共同体价值，发挥国家文化公园展示国家形象、彰显中华文明、维系民族情感、增强国民认同的作用。但是，在推进国家文化公园建设的过程中，也需要在国家性、区域性和在地化等不同层面，在超长区域点线面协同治理创新、国家宏大叙事与地方性特色相结合等方面，注重文化的整体性与层级性统一问题，增强内生性文化动力。[①]

从历史角度来看，农耕经济、乡土文明与国家文化公园建设密不可分。以黄河国家文化公园为例，关于黄河文化的起源、演变和象征意义有诸多论述，其中最主要的内容就是黄河文化实质是一种典型的农耕文化，正是农耕文化孕育出我们天人合一的自然伦理观，家国同构、同根同源的民族心理，以及"大一统"的主流意识等民族精神内涵。而黄河文化这种生生不息、历久弥新的精神内涵和观念形态，正是孕育于农耕社会的乡土之间。

国家文化公园既要强调整合一系列不同类型的文化遗产后所呈现的主题性，融通沿线不同区域和地域文化后所体现的整体性，也需关注文化复杂的系统性和层级性问题。国家文化公园建设既蕴含着影响中华民族价值、文明、道德和审美取向的宏观价值系统，也是一个多层次、多要素的文化整合体系，需通过风土人情、饮食服饰等诸多微观细节来体现，与人民群众精神文化生活深度融合，形成国家记忆与民间记忆、集体记忆和个体记忆的融合与互通。

（二）乡村文化是国家文化公园发展的文化底色

首先，国家文化公园所承载的核心理念，所体现的共同体思想，是以传统

---

① 杨传张.国家文化公园建设需厚植乡村文化底色［J］.探索与争鸣，2022（6）：18-20.

乡村文化为基础的。其渗透在乡村社会的物质生产、信仰观念、乡风民俗、审美情趣等方方面面。要主动地呈现国家文化公园建设中的中华文化的独特创造、价值理念和鲜明特色，必须以乡村活态的文化和人为主体。

其次，国家文化公园沿线的乡村中散落和蕴藏着丰富的文化遗产遗址资源。这些散落在中华大地上、蕴藏在广大村镇中的遗产，是中华文明源远流长的构成要素。

再次，国家文化公园区域内的文化遗产遗址仍然是当前乡村生产、生活的一部分。如在长城国家文化公园建设中，除大型防御工事、考古遗址外，长城还有着与周边居民生产生活密切关联的功能，依城而居、围城而寨的现象在沿线普遍存在。让当地居民理解、认同并作为主体来传承中华标示性文化的精神价值，是实现长城活态保护的基础。

最后，传统乡村文化在现代社会的文化价值体系中仍然具有重要地位。在文化传承发展过程中，人们总会自觉地弘扬那些促进国家和民族发展进步的传统和价值追求，使其在现实社会中实现创造性转化和再生。传统乡村文化是一种与土地紧密联系的文化模式，与之相应的天人合一的自然观、家国同构的社会观、以和为贵的处事观等价值追求，仍然蕴含在中华民族集体及个体的意识之中，成为主导着经济社会发展的价值理念。

"以乡村为本、以乡村为重"的构成要素，在乡村社会由"乡土"转向"离土"的过程中，面临着传承与发展基础缺失的问题。现代社会变革带来了乡村文化生态的转变，体现在以土地和农耕为核心的生产模式的转变，市场化和工业化带来的乡村文化主体结构的失衡，城市化和现代化带来的乡村价值认同的失序等方面。乡村文化产生了深刻的代际裂变，一方面基于农耕生产的传统乡村文化价值体系依然根深蒂固，潜移默化地发挥着维系民族情感和价值认同的作用；另一方面，以工业化和互联网为代表的新的生产力也在重塑着乡村文化形态，乡村文化面临着在现代化语境中传承、创新和再生产的问题。作为国家文化公园主体性文化的重要承载地，孕育和传承中华文明基因的乡村，需要在城乡文明的共生融合中，内生出契合现代性价值的连接点，构筑符合中华民族伟大复兴和新时代发展需求的新的乡村文明体系，在国家文化公园建设中充分发挥乡村文化原有的文化内聚力。

二、国家文化公园建设带动乡村振兴的策略

（一）统筹推进沿线乡村非物质文化遗产的活化利用

在推进保护传承工程时统筹推进沿线乡村民俗文物、历史古迹和非物质文

化遗产的活化利用。建设国家文化公园，开展重点文物修缮保护，实施沿线文物和文化遗产保护传承利用是重要建设任务和主要工作举措。例如，山西省建设长城、黄河国家文化公园，不仅要做好长城文物本体、黄河干支流沿岸重点文物遗存的保护修缮，还应统筹推进沿线临近乡村地区的民俗文物、历史古迹和非物质文化遗产的活化利用。要在保持沿线乡村人文风貌和保护生态环境的前提下，协同推进重点文物修缮保护工程与乡村文化记忆工程，建设乡村民俗博物馆，修缮村落周边历史古迹，丰富非物质文化遗产的展示平台，重构传统乡村社会的历史文脉，让乡土文化成为大众了解历史文化和农耕生活的窗口，成为国家文化公园建设中重要的一抹色彩。[1]

（二）改善国家文化公园沿线村庄公共基础设施

在实施环境配套建设时统筹推进沿线村庄公共基础设施改善。建设国家文化公园，环节配套是重要举措之一，主要包括修复空间环境、改善交通条件、完善服务设施三个方面。因此，开展长城、黄河国家文化公园建设，要统筹推进环境配套与沿线乡村基础设施建设，深入推进自然生态环境恢复和乡村环境卫生治理，整治对长城沿线和黄河沿线的古村镇及其他文物古迹的景观环境造成负面影响的建筑物。对沿线存在的部分空心村，要结合实际实施易地搬迁。持续推进长城一号和黄河一号旅游公路建设，畅通主干道与附近的乡村连接，进一步完善旅游道路网。完善村内饮水、照明、道路、垃圾收集转运等公用事业设施，完善修建乡村广场、舞台戏台等公共文化设施，推动5G网络覆盖，系统推进国家文化公园配套环境，改善沿线乡村人居环境。

（三）开展国家文化公园主题文化活动时带动沿线乡村文化生活繁荣

推动以长城、黄河为主题的舞台艺术、美术、动漫、影视等创作，是丰富国家文化公园建设的有力举措。开展主题文化活动要兼顾繁荣沿线乡村的文化生活，组织美术工作者赴长城、黄河沿线地区采风写生，进行长城文化、黄河文化主题美术创作。举办主题摄影展，丰富沿线地区文化生活。开展手绘心中最美长城、美丽墙画等系列活动，用画笔改变乡村容貌，推动"艺术乡建"，使沿线乡村更美丽。举办"徒步长城""徒步黄河岸"等系列活动，丰富沿线文体活动。聚焦长城遗址及周边村庄、黄河古渡口及周边村庄，以文字、图片、视频等形式在媒体上宣传报道，充分展现国家文化公园建设的重要意义、进展成效的同时，繁荣乡村文化，激活乡村生活。

---

[1] 李强. 浅论国家文化公园建设与沿线乡村振兴［J］. 戏友，2022（5）：25-26.

（四）提升乡村旅游经济发展水平

要深化长城、黄河沿线地区文旅融合水平，提升乡村旅游经济发展水平。实施长城本体以及长城和黄河干支流的沿线文物古迹、历史遗迹、革命遗址的修缮保护项目工程，要提高其传承活力，兼顾服务乡村旅游发展的需求，注重对其内涵的挖掘整理和展示呈现，做好文物和文化资源的衍生利用。要结合旅游产业发展，深入推进长城、黄河沿线的非物质文化遗产的保护利用。繁荣乡村民间文化艺术，深化传统工艺振兴，搞活民俗节事活动，形成文物和文化、旅游资源的集聚带。依托长城、黄河一号公路体系，修建长城沿线、黄河沿岸旅游休闲步道，配置休憩驿站。继续加强长城人家、黄河人家建设，维修有价值的古旧民居，因地制宜打造一批长城、黄河沿线特色民俗文化村和文化旅游体验村，让文化遗产保护利用的成果惠及村民。实现在推进国家文化公园建设的同时，为沿线乡村地区的文化和旅游产业兴起提供生产资源和发展动力的愿景。

（五）在三重共生关系中推动国家文化公园与乡村振兴相结合

国家文化公园包括四类主体功能区，除管控保护区外，其他主体功能区都兼具保护传承和发展多重功能，要求实现资源、人口、经济和环境相协调，产业、生态和社会效益相统一的均衡状态。主体功能区多功能目标的实现和各要素条件的均衡，尤其需要培育以乡村为载体的多元化叙事空间，在乡村与国家、我者与他者、文化与经济的融合关系中，营造以乡村为载体的中华民族"多元一体"的文化时空场景，实现国家文化公园的多重综合功能。

一是从"乡村—国家"共生的角度，建立传统乡村文化与中华民族共同体认同关系的一致性。国家文化公园具有显著的文化整合功能，是彰显共同体价值的国家空间体系。中国传统乡村文化生态既产生了各具特色的地域文化，也孕育了由农耕经济主导的延续数千年的文化价值系统。以农耕经济为基础而构建的文化价值系统，是形成中华民族共同体价值的关键要素。从国家或政治层面来看，乡村文化是构建中华民族共同体认同关系的重要基础，同时，这种认同关系也是乡村文化在现代社会中形成共生关系的重要前提。串联国家文化公园沿线不同地域、不同族群的传统村落和历史文化村镇，形成相互关联、多元一体的文化生态，构建富含中华民族情感记忆、象征意义和符号价值的重要场所，是打造新时代中华文明重要标志和价值共同体的基础。建立传统乡村文化与中华民族共同体关系的一致性，不是追求乡村文化再生产的一元性，而是从国家现代化发展理念中寻找不同的契合点，如体现人与自然和谐相处的生态价值、传承公序良俗的伦理价值、促进绿色发展的时代价值、满足乡愁追忆的情感价值、追求自然田园的艺术价值等,从不同方面满足与彰显国家文化公园共同体价值的需求。

二是从"我者—他者"共生的角度,建立传统乡村文化的"我者"与现代化的"他者"之间的联结。每一种文化的发展和维护都需要一种与其相异质并且与其相竞争的另一个自我的存在,并且自我身份的建构牵涉到与自己相反的"他者"身份的建构。在长城、大运河、长征和黄河国家文化公园建设中,"文旅融合区"是主体功能区之一,推动文旅融合,让旅游者从"他者"角度融入多元而贴近生活的时空场景之中,才能更深刻地实现对自我文化身份和归属的认同。建立在乡土文明基因之上的价值观念,仍然影响着城市化进程中人民群众的心理特征,乡村传统文化的"我者"与现代化的"他者"之间,仍然存在紧密的情感联结。传统乡村文化不可能以一成不变和简单复制的方式来发展,而是需要在现代化的社会语境中自我更新。

三是从"文化—经济"共生的角度,建立乡村文化活态化传承与发展的持久动力。与国家文化公园核心理念相契合、推动乡村文化与现代社会建立情感联结,是建构乡村文化再生产新秩序的重要前提。但是,促进乡村文化从资源到产业、从抽象符号到现实体验的现代化重构,推动乡村文化与经济融合发展,才是促使乡村文化更富有活力、更加可持续的动力,是培育共同体意识和国家文化认同叙事空间的有效路径。乡村文化与经济存在多重目标价值的耦合性,从产业发展来看,政府、村民、企业、游客等不同主体对乡村文化和旅游产业平台的共同打造,推动人才、资本、创意、人流的集聚,在促进乡村文化价值转化为经济价值的同时,带动乡村产业融合发展。这些由文化衍生的经济价值有利于形成新的乡村经济共同体和文化共同体。从文化传承来看,乡村具有承载民俗规约、社会认同、族群记忆、乡愁情感的功能,乡村文化和旅游体验促使乡村成为现代社会语境中可供不同个体体验和解读的意义场所。同时,乡村文化和旅游产业是打破乡村封闭性、整合不同价值目标的重要途径,可以把乡村文化发展与现代化的外部世界联系起来,实现传统乡村文化的持续传承与创新。

第三节 国家文化公园价值评估问题探讨

一、价值评估内容框架

（一）核心遗产价值的评估

作为历史的遗存，核心遗产的许多重要价值来自过去的人们和时间共同的创造、生产和积淀，是公园区域中最稳定的价值源泉，因此，核心遗产价值评估是国家文化公园价值评估的基点。与常规遗产价值评估不同的是，国家文化公园核心遗产价值评估需涵盖经济价值，强调资质性考察，显示当今社会的文化选择，从而包含社会文化—经济价值评估、比较分析、文化意义提炼三个依次递进的评估环节。

1. 社会文化的经济价值评估

关于遗产价值评估，国际和国内都已有很多成熟的体系，都可为核心遗产的文化价值评估提供类型框架。从涵盖经济价值的需求考虑，比较适用的是美国盖蒂保护研究所在2002年出版的研究报告《评估文化遗产的价值》中提出的社会文化—经济两分式框架。其中，社会文化价值包括历史、文化、社会、审美价值，经济价值（指通常从经济维度测量的价值）包括使用价值（市场价值）和非使用价值（非市场价值）。文化价值和经济价值并非离散、非此即彼的，事实上它们经常重合。

2. 进行比较分析

所有文化遗产无疑都具有价值，但并非都具有成为国家文化公园核心遗产的资质。因此有必要将国内常用的陈述、统计式的价值评估转变为资质性考察。借鉴世界遗产申报和评估要求，在核心遗产价值评估中设立"比较分析"环节，用于针对核心遗产的各方面价值，从特征上或体现方式上在全国范围内进行比较，分析并证实该遗产价值的代表性是否达到国家或全球层次。

3. 凝练文化意义

国家文化公园的意义取决于核心遗产的文化意义，即该遗产所内含或孕育的哲学思想、人文精神和道德理念。基于国家文化公园的定位，文化意义提炼旨在满足两层需求：其一，展现中华文化的独特创造、价值理念和鲜明特色，并兼容民族性与世界性；其二，强化与当今社会的联系，分析并证明核心遗文化意义与我国当前国家和人民价值观念的传承关系和符合程度。

（二）公园整体价值的评估

对于设定的公园区域，国家文化公园价值的载体在空间、时间维度上都并非均质分布，而是普遍受到核心遗产价值的标记和导向影响。通过文化整合评估可以反映这种文化结构对于国家文化公园整体价值的支撑状况。因此，公园整体价值评估包含区域界定的合理性、文化整合状态、整体价值声明三个递进的评估流程。

1. 区域界定合理性

理想的国家文化公园的边界划定需符合三个条件：（1）核心遗产价值的完整性，通常至少包含法定的保护范围和建设控制地带，如果是世界遗产，还需包含遗产区和缓冲区；（2）区域主体功能的适合性，即该区域内不存在与文物和文化资源保护利用传承冲突，且目前无法调整的功能，该区域在主体功能规划（国土空间规划）中并非重点开发区；（3）可操作性，该区域与行政区划界线一致，或者当与行政区划界线不符时需具备确定的有效措施解决外部性问题。

2. 文化整合的状态

在整体维度上考察国家文化公园价值，各种文化特质的价值贡献可分为正向贡献、负向贡献和零贡献。在此并非指某个文化特质的价值本身为负或零，而是表示其价值对国家文化公园整体价值的贡献程度和质量。基于给定的核心遗产和区域范围，从两个方面对文化整合程度进行评估。（1）其他文物和非物质文化遗产的整合。与核心遗产的历史年代为同时期的或对核心遗产的文化意义有共同阐发作用的文物和非物质文化遗产为正向贡献；其他为零贡献。（2）文化活动和生产的整合。有利于核心遗产的保护传承利用的文化活动和生产为正向贡献；不利于核心遗产的保护传承利用的文化活动和生产、并无法在公园建设期内调整的为负向贡献；其他为零贡献。将上述评估结果与地理信息综合，可为进一步划分管控保护、主题展示、文旅融合、传统利用等次级主体功能分区提供依据。

整体价值声明：无论从记录或传播的需求来说，国家文化公园都需要一份作为"中华文化重要标志"的专有文本，即"整体价值声明"。核心遗产价值评估中提炼的文化意义无疑是国家文化公园整体价值声明的主体内容，但也可能会根据文化整合状态进行修正。

(三) 品牌价值的评估

1. 文化价值评估

从顾客感知的角度，评估国家文化公园带给人们的归属感、历史感、信赖感、尊重感以及对"中华文化重要标志"的认同程度。根据国家文化公园的功能分区，按照8个区域划分顾客群体：(1) 管控保护区（除主题展示区外的部分）；(2) 主题展示区；(3) 文旅融合区（除主题展示区外的部分）；(4) 传统利用区；(5) 当国家文化公园与本级行政区界线不一致时，本级行政区（除国家文化公园的区域）；(6) 当国家文化公园与本级行政区界线一致时，上一级行政区（除国家文化公园的区域）；(7) 国内其他区域；(8) 其他国家。以上顾客群体都不包括国家文化公园的建设单位、管理单位的人员。

2. 公园区域的可持续发展评估

从社会认可的角度，评估国家文化公园区域的可持续发展程度。根据笔者对国家文化公园之"文化"的界定，采用联合国《2030年可持续发展议程》的指标体系。《2030年可持续发展议程》共确定了17项可持续发展目标和169个具体目标，其中与国家文化公园主体功能相关的有7项目标：可持续的城市；健康和福祉；体面工作；负责任的消费和生产；减少不平等；气候行动（目标13）；伙伴关系。[①]

3. 品牌优势评估

通过与无品牌区域相对比，评估国家文化公园生产、流通和消费过程中获得的认可度和忠诚度，包括：(1) 财政经费支持水平；(2) 社会资本投入水平；(3) 公园区域内文化整合程度的变化情况；(4) 公园区域内各类社会生产的超额价值。

二、国家文化公园价值评估体系的构建

(一) 评估指标体系构建原则

借鉴国内外对国家文化公园价值评估体系构建的相关研究，构建国家文化公园应基于如下原则。

1. 系统性的原则

所选择的指标应涵盖区域内所有城区的经济发展水平、特色文化资源、总

[①] 赵云，赵荣. 中国国家文化公园价值研究：实现过程与评估框架 [J]. 东南文化，2020 (4)：6-12, 190-191.

体生态环境以及相关制度建设等各个维度,做到关键指标不遗漏、特色指标明晰、指标之间独立且不相关。

2. 可操作的原则

本评估体系所选择的国家文化公园评估指标均能搜集、可测量,部分指标涉及不同门类的专业统计口径,也可以在相关单位获取。

3. 动态适宜的原则

由于国家文化公园沿岸不同地域特色产业不同,因此所选取的指标在选择维度、具体内容等方面应该具有动态适宜性,并根据不同环境做动态调整。

4. 以人为本的原则

将国家文化公园的管理者、旅游者或周边居民的主观感受纳入指标体系当中。

(二) 评估指标体系构建思路

在对国家文化公园建设的实际情况调研的基础上,按照可操作性、系统性、创新性、全面性等原则,对国家文化公园价值评估体系构建的思路体系如下:一是按照我国官方发布的国家公园考核评价规范确定指标;二是基于对区域的经济、文化、生态等进行资料搜寻与细则考察,以确定可纳入的指标;三是借鉴国内外国家公园评估体系的理论与实践成果,提炼国际社会普遍关注的指标;四是开展专家共识会议,根据专家的经验与判断来获得科学、全面的指标构建建议。在此基础上,将所有提出的指标进行剔除、分类、归并与整合,形成国家文化公园价值评估体系。[①]

(三) 国家文化公园的价值评估指标选取与体系构建

在国家发布的《国家公园考核评价规范》中,将建设管理任务、公共服务、自然禀赋、生态资产等作为一级指标;国外的国家公园价值评估指标侧重点各异,但普遍从国家公园的经济、社会、文化、生态以及制度建设五个方面切入,对本研究的指标构建具有一定借鉴价值。

依据国内外指标体系构建经验以及国家文化公园的实际情况,本研究设计生态价值、文化价值、产业价值、社会价值以及基础设施建设与制度保障五大维度作为一级指标。

生态价值主要反映生态文化公园的生态保护情况与生态效益。例如南京市内长江流经区域拥有众多特色景区,生态环境优渥,如江豚、东方白鹳、野生

---

① 郭新茹. 南京长江国家文化公园价值评估体系构建研究 [J]. 南京学研究, 2022 (2): 21-39.

水杉等珍稀动植物栖居于此，物种十分丰富。该指标下设"生态系统完整性"与"生态环境效益"2个二级指标。此外在我国《国家公园设立标准》中，生态系统完整性被阐述为"自然生态系统的组成要素和生态完整，能够使生态功能得以正常发挥，生物群落、基因资源及未受影响的自然过程在自然状态下长久维持"。根据这一内涵，下设"结构完整性"以及"功能完整性"2个三级指标。生态环境效益是指人类可从生态系统中获得利益的多少，下设9个三级指标。

文化价值主要反映长江文化资源的丰富程度与保护传承水平。例如，长江南京段流经江宁、雨花台、鼓楼、栖霞等多个主城区，这些区域历史人文荟萃，文化底蕴深厚。因此，基于文化生态学视角，设立"文化资源原真性""文化资源丰富度""文化保护与文化传承"3个二级指标。文化资源原真性强调长江文化要素保持原生状态程度，下设4个三级指标。文化资源丰富度则根据物质文化与非物质文化划分为2个三级指标。文化保护与文化传承根据不同主体的责任与义务下设4个三级指标。

产业价值主要反映国家文化公园产业的发展潜力、生产效率。设计该指标主要用以衡量国家文化公园的产业经济价值。具体设计"地区文化产业数据""可产业化的文化资源""旅游经济指标""旅游产业融合的发展程度""产业潜在市场""产业预估总产值""产业投资价值"7个二级指标以及下设的23个细分指标。总体而言，这7大二级指标实现了"从整体到局部""从现有到预估"的产业价值评估，一定程度上能较为充分地反映文化产业发展现状、潜力以及预期收益。

社会价值主要反映国家文化公园的社会效益与社会影响力。例如，南京市内与长江文化相关的文化遗产在全国范围内已具备较高影响力，设计这一指标有利于更好地测度南京长江文化公园的社会效益。该维度设计了"对当地经济发展的支撑""对科研教育的支撑""对居民的民意监测""社会全方位参与程度"4个二级指标和12个三级指标。

基础设施建设与制度保障主要反映国家文化公园基础设施的完备程度与维护各系统有序建设运行的规范体系、保障体系的完善程度。该指标基于我国国家文化公园中"建设管理""公共服务"两个一级指标归纳得出。下设"发展规划与战略""组织管理"2大二级指标，并细化为6个三级指标。

基于以上分析，国家文化公园价值评估指标体系包括生态价值、文化价值、产业价值、社会价值、基础设施建设与制度保障5个一级指标，18个二级指标，62个三级指标。

第四节　国家文化公园的"国家性"建构问题探讨

一、国家文化公园"国家性"定位

(一) 建设目标上彰显"国家认同"和"文化自信"

长城、大运河、长征、黄河、长江在众多承载中华文明的文化意象中具有极强的代表性，生动呈现了中华文化的独特创造、价值理念和鲜明特色，是中华优秀传统文化、革命文化和社会主义先进文化的精华，是最能代表中国的文化符号、文化标识，是中华民族的精神象征和增进国家认同的情感枢纽。要通过国家文化公园建设，使文物古迹、历史遗存、革命遗址在当下鲜活起来，把蕴含其中的思想理念、人文精神等生动形象地展现在人们面前。要着眼打造主题鲜明、风格一致的展览展示体系，建设好爱国主义教育基地和博物馆、纪念馆等服务设施，切实增强辨识度、标识度。要整理挖掘长江沿线文物和文化资源背后的重大事件、重要人物、重头故事，创作生产富有地域风情、文化特色的文创产品。

建设国家文化公园，既是对国家文化的保护传承，也是做大做强中华文化重要标志的重大举措，是新时代推动文化事业繁荣发展、增强文化自信、推进文化强国建设的一种新形态、新载体。为此，建设中要坚持科学定位，把国家文化公园建设成为保护传承中华民族灿烂文明的历史文化长廊，构筑成为凝聚中国力量的共同精神家园，进一步强化全体人民的"国家认同"和"文化自信"。

(二) 建设标准上体现"国家品质"和"国家形象"

建设国家文化公园，要坚持国家站位，突出国家标准。要传承发展好长城、大运河、长征、黄河、长江所承载的历史文化，所滋养的中国人独特的精神、品质和气质，所孕育的中华民族生生不息、坚韧不拔的根和魂，坚持守正创新、固本培元，以文化事业、文化产业的统筹发展，构筑新时代中国文化建设的新高地。从规划设计、施工建设到运营管理，国家文化公园建设都要坚持高标准、高质量，使之成为代表国家水准，展示国家形象的亮丽名片。

二、国家文化公园"国家性"建构的重要性

(一) 有利于保护优秀传统文化,做大做强中华文化重要标志

长江造就了从巴山蜀水到江南水乡的千年文脉,是中华文明多元一体格局的标志性象征、是中华民族延绵发展的重要战略支撑、是中华民族对外开放交流的重要平台、是中国社会近现代革命进程的先声。长江与黄河两大流域在上中下游之间频繁联系互动,清晰地揭示了长江流域融入并促进中华文明一体化的历史进程,很大程度上丰富了中华文明的文化多样性、包容性和开放性,"江河互济"构建了中华民族共有的精神家园。又如万里长城是中华民族团结统一、众志成城、坚韧不屈、自强不息的精神象征,同时,也承载了中华民族守望和平、开放包容的时代精神。这些是中华民族最深层次精神追求的文化基因,是中华民族独特的精神标志。建设国家文化公园,实施文物和文化资源保护传承利用协调推进基础工程,一方面要做好"保护"这篇文章,对国家文化公园范围内文物和文化资源进行全面调查、摸底,统筹抢救性与预防性保护、本体与周边保护、单点与集群保护,补齐文化遗产资源保护的短板和弱项;另一方面,要阐释好文物和文化资源的内涵,深入挖掘其思想精髓、价值追求、道德观念、审美规范,使之彰显中华文化的永恒魅力和时代价值,有利于保护好文物和文化资源,传承好文化根脉,进一步做大做强中华文化重要标志。

(二) 有利于传承伟大的民族精神,铸牢中华民族共同体意识

我国有着几千年辉煌灿烂文明史,是一个典型的以文化认同为基础的国家。中华民族历经几千年发展,各民族形成了你中有我、我中有你、血脉相连、不可分割的有机整体。中华民族共同体意识是国家层面最高的社会归属感、面向世界的文化归属感,是国家认同、民族交融的情感纽带。长城、大运河、长征、黄河、长江国家文化公园在时空上的大尺度前所未有,具有最广泛的代表性。国家文化公园承载的中华民族伟大精神将中华民族优秀传统文化、中国共产党革命文化以及社会主义先进文化集于一体,是各民族优秀文化的集大成。在国家文化公园建设中,突出各民族共有共享的中华文化符号和形象,构建中华文化特征、中华文化精神、中国形象表达体系,树立和突出各民族共享的中华文化符号和中华民族形象,通过强化宣传与推广,融入各民族群众日常生活,有利于引导各族人民牢固树立共同体理念,传承弘扬伟大民族精神,坚定文化自信,使各民族人心归聚、精神相依,使中华民族共同体意识植根各

族群众心灵深处。

(三) 有利于提供公平发展机会，实现物质生活与精神生活共同富裕

国家文化公园建设为社会大众提供了公共福利和公平发展机会，有利于广大人民群众实现物质生活与精神生活共同富裕。

其一，公共福利方面，国家文化公园体现了空间布局、文化标志、文化功能等方面的公共性。空间布局公共性主要体现为其建设内容根据文物和文化资源的整体布局、资源禀赋以及自然条件情况，基于人居环境、设施配套等方面因素，结合国土空间规划，重点建设四类主体功能区，包括管控保护区、主题展示区、文旅融合区和传统利用区。文化标志的公共性主要体现为长城、大运河、长征、黄河、长江沿线文物和文化资源蕴含的文化价值及抽象出来的文化标志是各民族共享的中华文化标志，是体现民族精神和国家形象的标志和文化符号。

其二，公平发展机会方面，长城、大运河、长征、黄河、长江沿线有不少的区域是我国欠发达地区，这些区域大多是少数民族聚居区、西部地区，经济社会发展相对滞后。建设国家文化公园，对长征沿线单点的文物和文化资源串点成珠，避免了单点孤立的文化遗产在时空片段上无法完整体现其全部价值的局限。国家文化公园将单体遗产和地方性文化纳入拥有统一主题的国家遗产体系，将地方文化纳入国家文化公园宏观格局中，形成利益相关性、价值整体性，有利于地方文化多样化发展。另外，国家文化公园在制度安排上坚持全民属性和公益性，建设目标上建成具有特定开放空间的公共文化载体，并与人民群众精神文化生活深度融合，将有利于广大人民群众获得物质和精神生活的共同富裕。[①]

(四) 有利于展示国家文化公园所蕴含的中国智慧

长城、大运河、长征、黄河、长江国家文化公园文化遗产的特点是跨区域、跨文化、跨古今的线性文化遗产，是包罗了文化遗产、自然遗产和非物质文化遗产的文化遗产聚落。国家文化公园建设站稳中华文化立场，坚持创造性转化、创新性发展，创新遗产保护模式和文化展示方式，向人们传递"万里长城""千年运河""二万五千里长征""九曲黄河"等宏大的空间意象，它串联起众多跨越不同地理与行政区域、跨越不同历史时空的文化与自然资源，

---

① 冷志明. 国家文化公园的"国家性"建构研究 [J]. 吉首大学学报 (社会科学版), 2022, 43 (5): 85-92.

将传统文化与现代文明相连接，使中华优秀传统文化同当代社会相适用，生动呈现、彰显中华文化永恒魅力和时代价值的大型画卷，相较于单体遗产的地方性格局，国家文化公园为我们营造了一种"天下"意境。立足中华文化之根基，向世人展示"中国印象"，有利于提升文化软实力，有利于传递"人类命运共同体"的中国智慧与世界情怀。

三、国家文化公园的"国家性"建构优化策略

（一）加强系统性思维

推进国家文化公园建设，需要牢固树立系统观念和整体思维，从宏观、辩证等视角把握其本质特征、内涵外延和发展规律，认识国家文化公园建设与铸牢中华民族共同体意识之间的内在联系，使其相互促进、相得益彰。一是应不断完善顶层设计，突破"一叶障目，不见泰山"的窠臼与局限，通过"牵一发而动全身"的举措，推动整体性、全面性、前瞻性、战略性工作。二是通过国家文化公园建设，不断挖掘黄河、长江流域各民族共有共享的历史记忆与文化元素，归聚人心、激发活力，缩小黄河沿岸不同区域间的差距、黄河流域与长江流域等区域的发展差距，进一步夯实铸牢中华民族共同体意识的经济基础和文化基础。

（二）在增进一体性和多样性等方面找到平衡点

国家文化公园建设需要整体性统筹协调、协同推进，需要从中华文明整体层面正确把握共同性和差异性的关系，中华文化和各地域文化、各民族文化，中华民族共同体意识和各地域意识、各民族意识等多重关系。在处理好尊重和包容文化多样性的同时，不断增进一体性，并找到推动平衡性、互动性的密码。国家文化公园可实施纵向和横向相结合的公园化管理运营方式，形成具有特定开放空间的公共文化载体，整合黄河流域沿线具有突出意义、重要影响、重大主题的文物和文化资源，不断增强园区各族干部群众对中华文明和黄河文化的认同感、归属感与凝聚力，始终将中华民族共同体意识放在第一位，在促进一体性和多样性良性互动等方面找到平衡点。

通过规划设计和实施，推动各地文物保护利用、文化生态保护区建设、非遗传承工作等深度融入国家文化公园建设中。各省区在建设国家文化公园进程中，需更好地把握增进共同性、尊重和包容差异性的辩证统一，处理好不同特色文化带之间的承接与兼容，构筑好中华民族共有精神家园。将黄河流域相关的格萨尔文化（果洛）、热贡文化、羌族文化、河湟文化（海东）、陕北文化、河洛文化等生态保护（实验）区与国家文化公园深度衔接和融合，凸显中华文化与地域性文化和各民族文化的内在关系，不断增强黄河流域各族人民对中华文化的认同。

（三）融入国家重大战略

一是加强国家文化公园服务和融入国家发展战略的能力，让国家文化公园建设深度融入新型城镇化建设、乡村振兴、共有精神家园建设、全域旅游和民族团结进步创建等方面，增强国家文化公园园区各族群众的获得感、幸福感、共享感。二是加强国家文化公园与长江国家文化公园、青藏高原国际生态文明高地建设、国际生态旅游目的地、黄河流域兰西城市群建设等战略和措施的互相衔接与紧密融合，开展多形式、多层次、多学科、多领域的学术文化交流与文旅产业项目合作，使自然与人文相融，长江与黄河互济，道路与河流互连，构建中华民族共有精神家园。三是推动国家文化公园进入国家整体宣传推广计划，让各省区走出中国、走向世界，使国家文化公园成为重要旅游目的地，推动中华文明在新时代焕发生机、不断升华，绽放出璀璨光芒。

（四）提高黄河文化遗产保护水平

一是在坚持黄河流域生态和文化保护优先原则的基础上，挖掘一些价值突出、内涵丰富、影响深远的物质文化遗产和非遗项目。在以往文物普查和非遗普查数据基础上，进一步查缺补漏、分类梳理，做好黄河流域历史文化资源数字化转化工作，为黄河流域各省区共同建立权威性、动态性大数据库做好准备。二是根据黄河流域文化资源的整体布局、区域生态环境等情况，结合国土空间规划，聚焦文物保护、非遗传承、考古发掘、文献梳理、学术研究、文旅融合、文化传播等关键领域，通过科学保护自然文化遗产保护区，重点打造核心展示园，辐射带动集中展示带，精准建设特色展示点，聚力建设文旅融合发展示范区、生态旅游体验区等不同功能区，保护和展示一批主题明确、内涵清晰、影响突出的文物和文化资源，对沿黄地区文化遗址、博物馆和文化产业园等建设赋予铸牢中华民族共同体意识。三是推进数字再现工程。充分运用现代高科技手段，加强黄河文化数字基础设施建设，建设云上黄河国家文化公园。特别是对海拔较高、生态脆弱地区的黄河文化资源，可通过情景再现、虚拟成像等方式，开发多种形态的文化产品和服务。对黄河国家文化遗产、非遗文化、自然景观等进行系统化、数字化展示，立体式、整体式形塑和展现"中国黄河""云上黄河"形象。①

(五)构筑中华民族精神家园

黄河是中华民族的母亲河,是呈现中华文明多元一体格局的重要展示带。黄河文化中包含着天人合一、同根同源、家国一体、百折不挠的心理结构,展现出中华民族独特的精神品质和民族性格。一是黄河流域是延安精神、南泥湾精神、太行精神、"两弹一星"精神、抗洪精神、抗震救灾精神、焦裕禄精神、红旗渠精神的发源地或重要承载地,这些精神在黄河流域生态保护与高质量发展中发挥着坚定信念、凝心铸魂、鼓舞斗志的作用。建议根据黄河沿岸各地红色精神、红色故事、红色基因和民族团结故事,分类分步建设与提升黄河国家文化公园园区内所涉及的各类博物馆、纪念馆、体验馆、展览馆等展示场所,进一步发挥好各场所归聚人心、振奋精神、保护传承、文化教育、公共服务、研学旅游、科学研究等功能,使各族群众心灵得到滋养净化,精神得到丰富升华。二是通过电视专题片、影视剧、演艺、文创产品等多种形式和手段,讲好黄河故事,使治水精神、水利文化、民族文化、民族团结等内涵可视化、亲民化。因地制宜开展宣传教育活动,鼓励有条件的地方打造实景演出和"永不落幕"的云上宣讲,让黄河文化、黄河精神融入群众生活。三是拓展协同发展空间。打破传统的行政界限,发挥各地比较优势,互通有无,以铸牢中华民族共同体意识为主线,开展跨区域联合与协作,贯穿黄河主题文旅新业态培育计划,联合培育文化演艺、研学旅行等业态产品,促进各地旅游业的共生共融,进一步推动黄河流域文旅产业融合发展。

---

① 鄂崇荣. 铸牢中华民族共同体意识视域下的黄河国家文化公园建设[J]. 中国非物质文化遗产,2022(4):116-121.

参考文献

[1] 白翠玲,武笑玺,牟丽君,李开霁.长城国家文化公园(河北段)管理体制研究[J].河北地质大学学报,2021,44(2).

[2] 白栎影,王秀伟.国家文化公园建设的三个维度[J].人文天下,2021(7).

[3] 毕艳玲,冯源.生态系统管理的原则——以美国黄石国家公园为例[J].安徽农业科学,2017,45(8).

[4] 曹海玲.国家公园建设的意义、观念与模式[J].青海师范大学学报(哲学社会科学版),2017,39(1).

[5] 陈耀华,刘强.中国自然文化遗产的价值体系及保护利用[J].地理研究,2012,31(6).

[6] 笪颖,张晓蕊.开启长江文化与大运河文化高质量建设新篇章[N].新华日报,2021-11-12.

[7] 窦文章.文旅产业讲稿[M].北京:旅游教育出版社,2020.

[8] 鄂崇荣.铸牢中华民族共同体意识视域下的黄河国家文化公园建设[J].中国非物质文化遗产,2022(4).

[9] 樊潇飞.新时代文化旅游发展中建设国家文化公园的价值、问题与优化[J].社会科学家,2022(12).

[10] 范建华.文化与文化产业发展新论[M].北京:人民出版社,2011.

[11] 范周.文化数字化战略背景下国家文化公园的发展向度和建设思考[J].人民论坛(学术前沿),2022(23).

[12] 傅才武.长江国家文化公园建设中的国家目标、区域特色及规划建议[J].决策与信息,2022(8).

[13] 贵州省第三次经济普查领导小组办公室,贵州省统计局.贵州省第三次经济普查研究课题报告选编[M].北京:中国统计出版社,2016.

[14] 郭新茹.南京长江国家文化公园价值评估体系构建研究[J].南京学研究,2022(2).

[15] 韩嫣薇，杨凡. 世界遗产概论［M］. 杭州：浙江工商大学出版社，2014.

[16] 贺炳旭，孙会谦. 国家文化公园投融资体系建设构想［J］. 北方经贸，2022（7）.

[17] 胡燕，陈晟，曹玮，等. 传统村落的概念和文化内涵［J］. 城市发展研究，2014（1）.

[18] 乐八一. 世界著名公园［M］. 秦皇岛：燕山大学出版社，2016.

[19] 冷志明. 国家文化公园的"国家性"建构研究［J］. 吉首大学学报（社会科学版），2022，43（5）.

[20] 李飞，邹统钎. 论国家文化公园：逻辑、源流、意蕴［J］. 旅游学刊，2021，36（1）.

[21] 李渌，徐珊珊，何景明. 文化记忆与乡村振兴：长征国家文化公园的社区参与——基于贵州省清镇市观游村索桥红军渡的个案研究［J］. 旅游科学，2022，36（3）.

[22] 李强. 浅论国家文化公园建设与沿线乡村振兴［J］. 戏友，2022（5）.

[23] 李晓南. 对我国国家公园管理理念与体系建设的思考［J］. 攀登，2022（6）.

[24] 李延超，刘雪杰. 都市生态体育文化的构建与运行 上海为例［M］. 上海：上海人民出版社，2019.

[25] 李颖，邹统钎，付冰. 国家文化公园管理文库 长城国家文化公园——保护管理与利用［M］. 北京：中国旅游出版社，2022.

[26] 李越，傅才武. 长江文化共同体：一种基于文化拓扑的解释框架［J］. 学习与实践，2022（6）.

[27] 林建华. 生态文明建设是一场绿色革命性变革［N］. 北京日报，2017-12-25（13）.

[28] 刘纪兴. 荆楚文化的内涵及其创新特质简论［J］. 政策，2007（2）.

[29] 刘敏，张晓莉. 国家文化公园：从文化保护传承利用到区域协调发展［J］. 开发研究，2022（3）.

[30] 刘敏. 国家文化公园管理体制机制研究［J］. 中国国情国力，2022（5）.

[31] 刘银华，杜小玉，郭君洁. 谈辉县百泉风景区开发利用存在的问题［J］. 山西建筑，2012（3）.

[32] 刘云霞. 文化产业和旅游产业融合发展探析［J］. 新乡学院学报，2019（11）.

[33] 罗佳明. 遗产旅游的发展向度：遗产地精神与体验旅游的融合［J］. 旅游学刊，2010（5）.

[34] 吕宁，赵亚茹. 中国休闲城市发展报告 [M]. 北京：旅游教育出版社，2020.

[35] 毛华松，吴映华夏，王雪纯. 国家文化公园综述——内涵特征、实践进展与理论探索 [J]. 风景园林，2023，30（2）.

[36] 彭兆荣，李春霞. 运河体系中的水遗产 [J]. 原生态民族文化学刊，2021，13（2）.

[37] 宋晗. 当代运动与艺术潮流亚洲建筑卷 [M]. 长春：吉林出版集团有限责任公司，2015.

[38] 苏明明，孙业红，邹统钎，张朝枝，张捷. 遗产的真实性与完整性准则及旅游研究的价值立场——"重新认识遗产旅游"系列对话连载（三）[J]. 旅游论坛，2021.

[39] 孙华. 国家文化公园初论——概念、类型、特征与建设 [J]. 中国文化遗产，2021，105（5）.

[40] 田世政，杨桂华. 中国国家公园发展的路径选择：国际经验与案例研究 [J]. 中国软科学，2011（12）.

[41] 佟玉权，韩福文，邓光玉. 景观——文化遗产整体性保护的新视角 [J]. 经济地理，2010（11）.

[42] 王拱彪. 贵州体育与养老产业融合发展研究 [M]. 北京：科学技术文献出版社，2019.

[43] 王健，彭安玉. 大运河国家文化公园建设的四大转换 [J]. 唯实，2019（12）.

[44] 王健，王明德，孙煜. 推动大运河国家文化公园江苏段建设 [J]. 群众，2019（10）.

[45] 王永波. 运河文化的运动规律及其启示 [J]. 东南文化，2002（3）.

[46] 蔚东英. 国家公园管理体制的国别比较研究——以美国、加拿大、德国、英国、新西兰、南非、法国、俄罗斯、韩国、日本 10 个国家为例 [J]. 南京林业大学学报（人文社会科学版），2017，17（3）.

[47] 吴丽云，蔡晟. 国家文化公园建设应坚持三大原则 [J]. 环境经济，2020（16）.

[48] 吴丽云，吕莉，赵英英. 国家文化公园管理文库 大运河国家文化公园保护管理与利用 [M]. 北京：中国旅游出版社，2022.

[49] 吴丽云，邹统钎，王欣，阎芷歆，李颖，李艳. 国家文化公园管理体制机制建设成效分析 [J]. 开发研究，2022（1）.

[50] 吴丽云. 国家文化公园的利用机制探析 [J]. 中外文化交流，2022（4）.

[51] 习近平. 习近平谈治国理政（第2卷）[M]. 北京：外文出版社，2017.

[52] 邢涛，龚勋. 鬼斧神工的100自然奇观[M]. 杭州：浙江教育出版社，2011.

[53] 徐雷，陈静，刘莉. 我国国家公园特许经营存在问题及法律对策研究——以公益性与营利性的法律关系为分析视角[J]. 西安建筑科技大学学报（社会科学版），2021（3）.

[54] 徐缘，侯丽艳. 长城国家文化公园管理体制探究[J]. 河北地质大学学报，2021，44（4）.

[55] 闫琴，付尧，尹桂淑. 国家主题公园[M]. 北京：北京理工大学出版社，2013.

[56] 阳程，王莹. 仙踪之旅—德国[M]. 呼和浩特：远方出版社，2005.

[57] 杨传张. 国家文化公园建设需厚植乡村文化底色[J]. 探索与争鸣，2022（6）.

[58] 叶昌东，黄安达，刘冬妮. 国家公园的兴起与全球传播和发展[J]. 广东园林，2020，42（4）.

[59] 张华松. 济南境内齐长城的历史地位及其旅游资源的保护与开发[J]. 山东教育学院学报，2004（2）.

[60] 张兴毅. 推动山西黄河国家文化公园高质量发展的若干思考[J]. 经济师，2023（2）.

[61] 赵国权. 略论百泉书院的学术文化活动及兴衰[J]. 河南大学学报（社会科学版），1995（4）.

[62] 赵云，赵荣. 中国国家文化公园价值研究：实现过程与评估框架[J]. 东南文化，2020（4）.

[63] 郑民德. 明清运河区域的徽商及其社会活动研究[J]. 中原文化研究，2020，8（3）.

[64] 中国环境科学研究院. 建立国家公园体制总体方案研究[M]. 北京：中国环境出版集团，2019.

[65] 钟晟. 文化共同体、文化认同与国家文化公园建设[J]. 江汉论坛，2022（3）.

[66] 周泓洋，王粟，周扬. 大运河文化的多维价值与国家文化公园建设[J]. 中国名城，2022（7）.

[67] 周泓洋，王粟. 国家文化公园投融资机制研究[J]. 文化月刊，2022（4）.

[68] 周杰. 产业融合[M]. 长春：吉林人民出版社，2019.

[69] 周明. 世界旅游资源概论［M］. 西安：陕西旅游出版社，1997.

[70] 朱璇. 美国国家公园运动和国家公园系统的发展历程［J］. 风景园林，2006（6）.

[71] 宗祖盼，刘欣雨. "国潮"的消费认同与价值尺度［J］. 深圳大学学报（人文社会科学版），2022（4）.

[72] 邹统钎，仇瑞. 国家文化公园整体性保护思想诠释与路径探索［J］. 民俗研究，2023（1）.

[73] 邹统钎，韩全，李颖. 国家文化公园：理论溯源、现实问题与制度探索［J］. 东南文化，2022（1）.

[74] 邹统钎，刘柳杉，陈欣. 凝练大运河文化 构建流动的国家精神家园［N］. 中国旅游报，2019-12-24.

[75] 邹统钎. 国家 文化 公园管理经典案例研究［M］. 北京：旅游教育出版社，2020.

[76] 邹统钎. 国家文化公园管理总论［M］. 北京：中国旅游出版社，2021.

[77] 邹统钎. 中国文化数字化发展现状、问题与对策［J］. 人民论坛（学术前沿），2022（23）.